KB121934

사람은 왜 나를 싫어하는 걸까?

내 삶은 왜 하루하루 이렇게 괴로울까?

내 주위에는 왜 좋은 사람이 없는 걸까?

인간관계의 고통을 없애줄 확실한 방법, 관용

누구나
나를 좋아하게
만드는 법

관용・인간관계의 고통을 없애줄 확실한 키워드

누구나
나를 좋아하게
만드는 법

관용, 인간관계의 고통을 없애줄 확실한 키워드

백 강 이
지 음

행복은
관용으로부터 시작된다

　일탈을 경험한 사람만이 일상이 얼마나 감사한 것인지를 깨닫는다. 누군가를 미워하고 그 때문에 고통을 겪은 사람이라면 용서가 얼마나 필요한 덕목인지 깨닫게 될 것이다. 관용을 베푼다는 것은 나와 타인을 위한 최고의 선물이다. 삶의 질은 타인과의 관계 속에서 상당 부분 결정되는 법이다. 그렇다면 타인은 누구인지 다시 한번 생각해볼 필요가 있다. 타인은 또 다른 나, 또 다른 우리이다.

　우리가 완벽한 존재가 아니듯이 그들 또한 때로는 실수하고 범죄를 저지르고 어리석은 행동을 한다. 그 때문에 우리는 화를 내고 실망한다. 그럴 때마다 그를 용서하지 못하고 증오하는 사람은 결코 행복할 수가 없다. 행복은 고사하고 불행의 나락으로 떨어지고 만다. 그 이유는 명백하다. 다른 이에게 향하는 증오의 칼날은 바로 자기 자신을 향한 것이기 때문이다.

아무리 미워도 관용을 베풀 줄 아는 사람만이 참 행복을 찾을 수 있다. 끊임없이 용서하는 것, 이것이 인생을 살아가는 현명한 기술임을 기억하라. 물질적인 풍요로움은 언제 어디서 어떻게 사라질지 모르는 일이다.

오늘 자 뉴스에는 로또복권에 당첨되어 15억 원을 수령했던 30대 남자가 그 많은 돈을 몇 년 만에 탕진하고 스마트폰 절도범이 되어서 검거되었다는 소식이 있다. 그만큼 물질적인 유무는 인생에서 중요한 부분이 아니라는 뜻이다. 삶을 행복하게 꾸며가기 위해서는 인간을 어떻게 사랑하느냐가 관건이다.

사람을 사랑하고 이해하고 용서하는 것만큼 중요하고도 필요한 일은 없다. 누구든 용서하고 사랑으로 이해하자. 그가 아무리 잘못했어도 그에게 마지막 기회를 다시 한번 주어야 한다. 관용이란 어려운 것이 아니다. 우리 자신이 미완의 존재이듯 타인도 역시 미완의 존재임을 인정하는 것이다. 사람은 누구나 용서받을 짓 한번쯤은 저지른다. 끊임없이 관용을 베풀어라. 그러면 그대의 삶이 보다 행복하고 평화로워질 것이다. 그리고 누구나 좋아하는 사람이 될 것이다.

Part 3
조건 없이 관용하기

PART

1

먼저
사랑하기

관용이란
무엇일까?

인생은 놀이공원을 찾은 사람들의 옷차림만큼이나 다채롭다. 거리에서 풀빵을 파는 사람도, 수천 억 원어치의 주식을 지닌 재벌도 자신의 삶에 어떤 그림자가 드리워질지 모른다. 정확히 말해서 알 수가 없다. 인생의 사건들은 그 누구도 100퍼센트 예측할 수가 없다. 10분 후에 무슨 일이 일어날지 안다면 모든 불행한 사고는 피할 수 있을 것이다. 하지만 그럴 수가 없는 것이 인간이다.

폼페이의 최후를 알 것이다. 서기 79년 8월 24일 오전, 이탈리아 폼페이의 베수비오 화산이 갑자기 폭발하기 시작했다. 뜨거운 용암과 화산재가 성난 비처럼 도시를 덮쳐왔다. 불덩이가 하늘에서 쏟아져 내린다. 사람들은 비명을 지르면서 도망친다. 죽음의 공포에 떨면서 필사적

10

으로 도망쳤을 그들. 그러나 미처 피하지 못한 수만 명의 사람들이 그대로 질식사하거나 용암에 파묻혀 죽었다.

그리고 1700여 년이 흐른 어느 날 폼페이 최후의 모습이 세상에 하나둘 드러나게 되었다. 전혀 예측할 수 없었던 대재앙이었음을 말해주듯 오븐에 막 넣으려는 찰나의 새끼돼지와 노릇하게 구워지기 일보 직전인 빵도 발굴되었다. 또한 수많은 이들이 살아생전의 마지막 몸짓 그대로 굳어 있었다. 어머니는 자신의 안위는 아랑곳없이 아이만은 살리겠다는 몸짓으로 아이를 부둥켜안고, 젊은 여자 두 명은 집에서 귀중품을 가지고 나오려는 모습으로, 어느 집에서는 장례식에 참석한 문상객들이 그대로 주검이 되어 발견된 것이다. 폼페이의 최후는 인류에게 이렇게 경고한다.

"인간들아, 너희들은 한 치 앞도 알 수 없는 미약한 존재들이다. 겸허하게 살아라."

그렇다. 인간은 한 치 앞도 알 수 없는 나약한 존재다. 그렇지만 또한 수백 년, 수천 년을 살아온 위대한 존재이기도 하다. 공룡이 멸종하고 그 외에도 수많은 동식물이 멸종했지만 인간은 수천 년을 살아오고 있다. 그럼에도 인간의 미래는 언제나 불안하다. 사는 게 불안하고 현재도 불안하다.

말단 공무원인 미화원을 뽑는 시험에 일류대학을 나온 사람들이 응시하는 건 이젠 놀랄 일도 아니다. 누구도 자신의 미래를 장담할 수 없는 처지인 것이다. 이런 불안정한 시대에 우리는 무엇을 추구하면서 살아야 하는가. 나는 그것을 바로 관용이라 말하고 싶다. 관용은 인간을 행복한 세계로 인도하는 구원의 빛이다. 그렇기 때문에 우리는 관용에 대한 새로운 정의를 알아야 한다.

관용은 달리 말하면 '용서'라고 할 수 있다. 그러나 그건 너무나 무성의하고 사전적 의미의 풀이다. 관용은 또 다른 의미를 지니고 있다. **관용의 진정한 정의는 용서를 뛰어넘는 것이다.** 관용은 나 자신을 용서하듯 다른 존재를 용서하는 것이다. 관용은 나 자신을 이해하듯 다른 존재를 이해하는 것이다. 또한 아무 조건 없이 사랑하는 것이다. 즉 관용은 용서와 이해와 사랑이 토대이자 주축이다. 이 세 가지 중에 하나라도 빠진다면 진정한 관용이라고 말할 수가 없다.

관용이 얼마나 우리 삶에 큰 영향력을 행사할 수 있을지 궁금하지 않은가? 살아오면서 나는 관용만큼 인간의 마음을 평화롭게 만드는 것도 없다는 사실을 깨달았다.

마침내 나는 인간으로서, 작가로서 용기를 내어 관용에 관한 책을 쓰기 시작한다. 어떤 점에서 본다면 관용은 그다지 상업성을 지닌 키워드가 아니다. 특히 노골적인 성의 상품화와 자극적인 기사에 길들여진 현대인들에게 관용은 더욱 낯선 단어일 수 있다. 하지만 나는 이 책의 가치는 무한대라고 말하고 싶다. 그 이유는 관용이야말로 인간에게 가장 절실하게 필요한 가치이기 때문이다.

인생의 진정한 텍스트는 바로 '관용'임을 가슴 깊이 깨달았으면 한다. 진정으로 관용의 마음을 지니게 되면 그 어떤 불행한 상황 속에서도 행복해질 수 있다. 그리고 그 무엇에도 휘둘리지 않고 자신의 가치관대로 의연하게 인생을 살아갈 수 있다.

미국이 금리 인상을 하면 한국이 가장 많은 피해를 입을 것이라는 뉴스가 있다. 그 뉴스의 댓글은 비관적이기만 하다. 대출을 받아 집을 산 하우스 푸어(house poor)들은 엄청난 이자에 망할 것이고, 다수의 서민들 역시도 팍팍한 삶을 살 것이라는 의견들이 대부분이다. 게다가 코로나19라는 치명적인 바이러스까지 퍼져 세계인들을 공포에 떨게 하고 있다. 여기저기서 살기 힘들다는 말들이 난무한다. 결혼도 포기하고 취업도 포기하는 사람들이 늘어나고 있다.

이럴 때 가장 필요한 건 무엇일까. 다시 한번 깊이 생각해보자. 우리에게 가장 필요한 건 표면적으로는 경제적인 것들이다. 하지만 더 신중하게 자신의 내밀한 면을 들여다보면 가장 절실하게 필요한 것은 누군가의 넓은 가슴임을 알게 된다. 그 가슴이 바로 관용이 아닐까?

용서와 이해 그리고 사랑, 이 세 가지 핵심 키워드를 머리에 깊숙이 각인시키도록 하라. 한 문장으로 관용의 정의를 압축해보자. 이 말은 이 책의 핵심이다. 관용은 용서할 수 없는 것을 용서하고, 이해할 수 없는 것을 이해하고자 하며, 모든 인간을 차별 없이 사랑하려는 인간의 굳은 의지다. 그렇다. 관용은 그것을 실행하고자 하는 인간만이 획

득할 수 있는 신의 선물인 것이다.

왜 나는 관용을 신의 선물이라고 하는가. 그 까닭은 관용은 타고
난 성격, 불가피한 환경, 제어 불가능한 타인 등 우리를 힘들게 하는
모든 것들을 포용할 수 있는 최고의 선택이기 때문이다. 무엇이든 용
서할 수 있고 무엇이든 이해할 수 있으며 누구든 공평하게 사랑하는
사람이 된다면 관용적인 인간에 한 발짝 다가서게 된다.

용서

관용이 용서와 이해를 기반으로 이루어졌다는 것을 우리는 배웠다. 그렇다면 이 시점에서 과연 용서란 무엇인지 진지하게 고민해봐야한다. '갑'이라는 사람이 '을'이라는 사람을 용서해야 한다는 필요성을 느끼는 경우는 언제일까? 그것은 바로 '을'을 용서하지 못해서 자신이 고통스러울 때일 것이다. 만일 '을'을 용서하지 않고서도 행복하다고 생각한다면 그는 구태여 '갑'을 용서할 필요성을 느끼지 못할 것이다.

바퀴벌레의 몸속에는 브랏타 박테리움이라는 세균이 있다고 한다. 이 세균의 정체는 바로 1억 4000년이라는 긴 시간 동안 바퀴벌레의 몸속에 둥지를 틀고 있는 녀석이다. 게놈 분석을 한 결과는 가히 충격적이다. 브랏타 박테리움은 바퀴벌레의 몸속 노폐물을 바퀴벌레가 생존

할 수 있는 분자로 변환한다고 한다. 그 세균들 덕분에 바퀴벌레는 배
뇨를 할 필요도 없게 되었다. 그러니까 바퀴벌레는 브랏타 박테리움 덕
분에 오늘날까지 끈질긴 생명력을 이어올 수 있었고, 지금도 세균에
의지한 삶을 살아가는 중이다.

　브랏타 박테리움 같은 세균이 인간의 몸속에도 있다면 어떨까. 인
간 역시도 자신이 살아갈 에너지를 스스로 만들기를 멈추고 수동적인
존재가 되고 말 것이다. 그런 수동적인 존재가 되지 않기 위해서 인간
은 늘 자신의 의식세계를 주의 깊게 관찰해야 한다. 용서에 관한 필요
성을 느끼는 것 역시 그렇다. 브랏타 박테리움 같은 세균에 의지하는
바퀴벌레가 되지 않기 위해서 인간은 용서에 대한 관점의 재정립을 해
야만 한다. 굳이 고통을 느끼지 않더라도 용서를 하겠다는 자발적인
의지가 필요하다는 것이다.

　용서가 한 개인의 필요에 의해서 그 존재성을 인정받는다는 것은
표면적으로 사실이다. 그러나 조금 더 깊게 생각해보면 '을'을 용서하지
않는 '갑'은 절대로 행복해질 수 없다는 사실을 알 수 있다. 왜 다른 사
람을 용서하지 못하는 사람은 행복해질 수 없단 말인가? 그에 대한 답
은 용서가 무엇인지 확실히 알고 난 후에 얻을 수 있다.

　언뜻 생각하기에 용서는 어떤 이의 잘못에 대한 무조건적인 용인
또는 묵인, 그도 저도 아니면 방관에 가까운 것이라고 여기기 쉽다. 나
를 때린 A가 있다. 그를 용서하는 것이 무엇이라고 생각하는가? A가

행한 물리적 폭행에 대한 무조건적인 용인? 아니면 A의 폭력성에 대한 묵인? 그도 저도 아니면 A의 구타에 대한 방관? 만일 그러한 것들이 용서라고 생각해왔다면 그건 잘못된 생각이다.

용서는 잘못을 용인하거나 묵인하는 것이 아니다. 용서는 한 인간이 다른 인간을 전적으로 수용하는 고귀한 행위다. 그 사람이 잘했든 잘못했든 그 어떤 행위를 했든, 그 사람을 전적으로 수용해주는 것이다. 이처럼 용서는 방대하고 한 점 의혹이 없이 순결한 일이다. 어쩌면 용서는 인간이 평생 공부하고 실천해야 할 숙명 같은 것인지도 모른다. 그만큼 어렵고 실행하기 힘든 일이기 때문이다.

다른 사람을 용서하지 못하는 사람은 다른 존재를 자신의 삶에 수용하지 못하는 사람과 같다. 인간은 다른 인간과 교류하고 교감하면서 삶을 유지하는 존재다. 인간은 다른 사람 없이 살아갈 수 없는 존재라는 뜻이다. 그만큼 타인은 우리 자신만큼이나 소중한 존재들이다.

그런 소중한 존재들을 수용하는 것은 결국 자기 자신의 입지를 확고하게 만드는 일과 다름없다. 다른 사람을 용서하는 일, 다시 말해 다른 사람을 자신의 인생에 전적으로 수용하는 일은 살아가기 위한 최선의 선택이라고 할 수 있다.

이해

관용의 두 번째 키워드 이해에 대해 생각해보자. 이해하는 일만큼 힘든 일도 없다. 잠시 마음을 가라앉히고 자신을 괴롭게 만들었던 누군가를 떠올려보라. 지금 당장 그 사람을 이해해야 한다면 어떤가. 분명 머리로는 이해하고 싶지만 실제로 이해하기는 어려울 것이다.

그럼 이해란 과연 무엇일까. 무엇이기에 이렇게 실천하기 어려운 걸까. 무엇이기에 인간의 영혼을 자유롭게 만드는 관용의 토대를 이루는 것일까. 이해란 말을 쉽게 풀어서 생각해보도록 하자.

사람이 사람을 이해한다는 것은 그 사람의 존엄성에 대한 최고의 경의를 표현하는 것일 수 있다. 즉 이해는 인간에 대한 최고의 경의라는 의미다. 더 세밀하게 파악해보면, 이해한다는 것은 한 인간의 역사를 전적으로 인정해준다는 의미다. 이해는 다른 사람의 살아온 날들을 가감 없이 인정해주는 것이다. 쉽게 예를 들어서 생각해보자.

날마다 술 마시고 행패 부리는 고약한 남편과 사는 아내가 있다고 하자. 능력을 인정받는 엔지니어인 남편은 평소 회사에서는 유능한 직원이다. 그런데 집에만 오면 사람이 180도 변한다. 마치 내면에 다른 자아를 지닌 사람처럼 아내에게 폭언과 폭행을 서슴지 않는다. 그 아내가 남편을 이해한다는 것은 남편의 역사를 인정한다는 것과 동일한 말이다. 다시 말해 아내는 남편이 살아온 발자취를 공감해야 한다. 여기에서 이런 반문이 들 수도 있다.

"왜 피해자인 아내가 가해자인 남편을 이해해야 하죠?"

아내가 당장 이혼을 한다면 이해가 필요하지 않을지도 모른다. 그러나 아내는 당장 남편과 이혼할 생각이 없다. 셋이나 되는 아이들을 생각해서라도 그녀는 이혼은 하고 싶지 않다. 그렇다면 어떻게 해야 하는가?

아내가 만일 남은 생을 남편을 이해하지 않고, 아니 이해하지 못한 채 살아간다면 이 상황이 개선될 수 있을까. 이해는 부적절한 상황마저도 개선시킬 수 있는 저력이 있다. 그러므로 아내는 남편을 이해하기 위해 노력해야 하는 것이다.

다른 이의 역사는 바로 우리 자신의 나머지 역사를 결정짓는 중요한 단초가 될 수 있음을 기억하라. 날마다 술 마시고 행패 부리는 남편의 역사를 인정하지 못하는 아내는 앞으로도 남편의 극악한 행동에 희생당할 가능성이 크다. 그 까닭은 타인의 역사를 인정하지 못하는 것은 그 사람을 이해하지 못하는 것이기 때문이다.

이해받지 못하는 인간은 점점 더 고립되고 흉포해진다. 사람은 누구나 자신을 이해하지 못하는 사람을 가장 싫어한다. 이 점을 기억하라. 다른 사람의 과거가 현재의 그를 이해하는 결정적인 단서가 된다. 그것은 명백한 사실이다. 그 어떤 인간도 과거의 발자취로부터 벗어날 수 없기 때문이다.

술주정뱅이 남편을 이해하는 지혜로운 아내는 술주정뱅이 남편의 지나온 과거를 인정하고, 그가 얼마나 상처받았는지 헤아릴 줄 아는 사람이다. 알고 보니 남편은 어린 시절 술주정뱅이 아버지에게 학대를 받고 자랐을 수도 있는 것이다. 이런 이해가 선행되지 않는다면 아내는 평생 남편이라는 인간을 이해하지 못하고 오직 증오할 뿐이다. 그러나 충분히 이해하게 된다면 상대방의 단점을 포용할 수 있는 넉넉한 마음이 생긴다.

이해는 결국 타인의 과거를 인정해주고 현재의 그를 존중해주는 것이다. 그 반대로 다른 이를 대한다고 생각해보자. 절대로 타인의 과거를 인정해주지 않고 현재의 그를 또한 존중해주지 않는다고 해보자. 그렇다면 그 사람과의 관계가 과연 좋을까?

인간은 자신의 역사에는 매우 관심이 많고 애착을 가지고 산다. 자신의 어린 시절은 언제나 애틋하기 마련이다.

사람들은 어렸을 때 사진도 자신의 것이라면 수십 년 후에도 소중히 간직한다. 그러나 타인의 역사에 관심이나 애정을 가진 사람은 드물다. 그건 자신과 별개의 것이라고 생각하기 때문이다. 그러나 그건 분명 잘못된 생각이다.

이해는 모든 인간관계의 최우선 과제가 되어야 한다. 사람을 만나면 그 사람으로부터 무엇을 얻을까 생각하기 전에 그 사람이 어떤 사람인지 이해하려고 해야 한다. 이해가 우선되지 않은 만남은 결코 좋은 사이로 발전할 수 없다. **상대방이 누구든 그들과 좋은 관계를 맺기 원한다면 반드시 어떤 일이라도 다 이해하겠다는 마음가짐을 지녀야 한다.** 그 이해는 과거의 그를 인정해주고 현재 그의 존엄성에 경의를 표해주는 것이다.

과거의 그가 얼마나 힘겨웠는지, 그 때문에 그가 얼마나 많은 아픔을 지니고 살아왔는지 인정해주자. 현재의 그가 가진 것 없고 이룬 것 없어도 진심을 다해 존중해주자. 이것이 이해의 첫출발이다.

사랑

관용의 세 번째 요소는 사랑이다. 사랑은 인류의 희망이요, 삶의 결정적인 축이다. 사랑이 없는 세상은 전기가 차단된 어두운 세상일 것이고 산소가 결핍된 죽음의 세상일 것이다. 빛과 공기가 사라진다면 인류는 생존할 수 있겠는가. 사랑은 빛과 전기보다 더 우리에게 필요한 가치다. 'amor(사랑)'라는 말은 '죽음(morte)'을 '반대(anti)'한다는 뜻이 된다. 즉 사랑은 인간을 죽음으로부터 구원할 수 있는 궁극의 가치라는 말이다.

한글에서 사랑의 어원은 세 가지 학설이 존재한다. 첫 번째, 《훈민정음해례》(1446) 3항(괴다)이다. 두 번째, 《능엄경언해》(1462) 1항(ᄉᆞ랑)이다. 세 번째, 《능엄경언해》 2항(다ᄉᆞ며)에서 찾아볼 수 있다. 그러나 이 세 가지가 다 확실한 것은 아니다.

그렇다면 우리가 일상에서 느낄 수 있는 사랑이란 무엇인지 쉽게 생각해보자. 사랑은 한없이 주는 것이다. 엄마의 사랑은 모든 사랑의 표본이다. 갓난아이에게 자신의 피와 살을 준 엄마는 젖을 물려 키우고, 아이가 자라면 성인이 되어서 독립할 때까지 모든 의식주를 제공해준다. 엄마는 자식의 입에 먹을 것이 들어가는 것을 보는 것이 행복이다. 그만큼 엄마의 사랑은 진정성 있고 깊다.

이처럼 사랑은 엄마처럼 다른 존재들을 한없이 걱정하는 것이다. 이런 심정으로 상대방을 염려한다면 상대방은 얼마나 고맙겠는가. 관용은 사랑으로 인해서 완성된다고 해도 지나치지 않다. **궁극적으로 사랑이야말로 관용의 최대 요소다. 아무리 이해하고 아무리 용서한다고 해도 사랑하지 않는다면 말짱 도루묵이 될 것이다.** 사랑 없이 이해한다는 건 애초에 이해라는 단어를 모독하는 행위다. 사랑 없이 용서한다는 건 용서를 기만하는 행위다. 사랑은 이해와 용서를 진정한 이해, 진정한 용서라는 대화합의 장에 이르게 한다.

사랑은 무조건 주는 것, 대가를 바라지 않는 선행, 전적인 이해와 전적인 용서, 무조건 기다려주는 것, 무조건 수용해주는 것, 무조건 믿어주는 것이다. 이러한 사랑을 지닌 사람이 된다는 건 관용적인 인간이 되는 가장 빠른 방법이다. 사람은 사랑을 할 때 가장 행복해진다. 사랑은 불행을 행복으로, 가난을 풍족함으로, 불평을 감사로, 분노를 자비로움으로 바꾸는 최고의 가치이기 때문이다.

엄마의 마음으로 사랑하라. 그렇게 하면 관용을 저절로 습득하게 될 것이다. 오늘도 엄마들은 자신의 자녀들을 위해 이렇게 기도한다.

"저희 아이가 오늘도 건강하고 행복하게 지내게 해주세요."

사랑이 가득한 사람이 되고 싶다면 이렇게 기도하라. 엄마의 마음으로 두 손을 모으고 간절히 기원하라.

"이 순간 살아 숨 쉬는 모든 사람들이 건강하고 행복하게 지내게 해주세요. 저는 그들이 제게 무슨 짓을 하더라도 다 이해하고 용서할 것을 약속합니다. 저 또한 저도 모르게 그들에게 많은 상처를 주었음을 압니다. 앞으로 남은 생애 동안 저를 사랑하는 만큼 다른 사람들을 사랑하면서 살겠습니다. 그들이 어떤 미운 짓을 해도 화내거나 증오하지 않을 것이며, 매일 마음속으로 그들에게 행복하라고 안부를 물어줄 것입니다. 제가 어쩌다 마음이 흔들리거든 사랑이 얼마나 위대한 가치인지 다시 한번 일깨워주십시오."

이 기도는 모든 인간이 매일 해야 할 기도다. 날마다 이 기도문을 읽고 음미해보자. 그러면 그대의 일상이 달라질 것이다. 사랑을 품고 사랑을 베푸는 삶은 그 무엇에도 견줄 수 없는 행복감을 줄 것이다.

자기반성이
필요해

오늘도 어김없이 하루라는 시간이 시작되었다. 약속이라도 한 것처럼 모두들 바삐 어디론가 향한다. 지하철을 타고, 버스를 타고, 승용차를 타고 혹은 걸어서 자신만의 삶의 터전을 향해서 간다. 이렇게 하루를 살아가는 것도 어찌 보면 참 용하다 싶다.

몇 년 전 세 모녀가 동반자살을 하는 슬픈 일이 벌어졌다. 두 딸은 각종 병에 걸려서 거동이 힘들었고, 엄마 혼자 가족의 생계를 책임지면서 살다가 그 엄마마저 병들면서 비극이 시작되었다고 한다. 엄마와 두 딸은 더 이상 살아갈 힘이 없었던 것이다. 만일 사랑하는 그 누군가가 오늘 당장 세상을 떠났다고 가정해보자. 그를 다시는 볼 수 없다고 생각하면 얼마나 슬픈 일인가.

그런데 반대의 경우도 있다. 몹시 미워하던 사람이 오늘 당장 죽어버린다고 가정해보자. 그럼 정말 속이 시원할까?

"아이고, 정말 잘 죽었네!" 하면서 웃으며 박수를 치는 사람은 드물 것이다. 아무리 미운 사람도 죽어버리면 그에 대한 아쉬움이 남는다. 그러니 살아 있는 동안 서로 사랑하고 용서하는 관용의 삶을 꾸려가야 한다. 미움을 받는 사람도, 미워하는 사람도 둘 중 하나가 죽는다면 다 부질없는 짓이 아니겠는가.

그럼 진정한 관용의 정신은 무엇일까. 어떤 사람이 자신에게 사기친 사람에 대한 원망을 이제 그만 내려놓기로 했다고 하자. 그가 이렇게 말한다.

"이제부터 그 사람을 증오하지 않겠어. 다 용서하겠어."

이렇게 말한 후에 일상으로 돌아가 산다고 하자. 그럼 그는 자신을 속인 사람을 진정으로 용서한 것일까? 그렇지 않다. 그는 확실한 관용을 베푼 것이 아니다. 확실한 관용이란 용서하고 싶은 타인에게만 베푸는 것이 아니다. 누군가를 용서하려면 먼저 자신의 과오를 반성하는 시간을 가져야만 한다. 그것이 무슨 말이냐고?

사기를 당한 피해자인데 도대체 무엇을 반성해야만 하는 거지? 이런 의문이 생길 수 있을 것이다. 만일 그대가 위의 피해자라고 생각해보자. 자신은 전적으로 아무런 잘못도 없다고 생각할 가능성이 짙다. 나쁜 놈은 사기 친 놈이라는 말도 언뜻 타당한 것처럼 들리기도 한다.

26

그러나 확실하고 진정한 관용은 자신을 반성하는 일이 선행되어야만 한다. 그렇지 않은 관용은 거짓이다. 왜 인간은 자신을 먼저 반성해야 하는가.

그 까닭은 명확하다. 우리는 타인을 단죄하기에 앞서 자신의 잘못을 반성해야만 하는 존재들이기 때문이다. 그것은 스스로를 위한 최선의 예절이기도 하다. **타인을 비판하기에 앞서 자신을 먼저 비판하자. 타인을 용서하기에 앞서 자신을 먼저 반성하고 용서하자.**

사기를 당한 것도 자신의 우매한 선택의 결과다. 그것을 먼저 시인해야 한다. 사기를 당한 후에는 또 어땠는가. 상대방에 대한 분노와 적개심으로 자신의 몸과 마음을 상하게 했을 가능성이 크다. 그것도 반성해야 한다.

그리고 그 모든 일이 선행된 후에 비로소 관용을 베풀 자격이 생기는 것이다. 자기반성은 관용의 절대법칙이다. 모자라고 부족한 자신을 먼저 인정할 줄 아는 겸허함이 없는 사람은 타인에게 진정한 관용을 베풀 소양이 없는 사람이다. 만일 어떤 이가 자기반성을 거치지 않고 다른 사람을 용서했노라고 말한다면 그것은 거짓말이다. 그의 내면에는 이런 마음이 아직도 남아 있기 때문이다.

"이쯤에서 마음씨 착한 내가 너의 못난 점을 용서해준다. 아무리 봐도 넌 나보다 못한 인간이야. 나만큼 우월한 사람이 용서해준 것을 감사하게 여겨!"

어설프게 관용을 흉내 내지 말아야 한다. 그것은 서로에게 치욕스러운 일이다. 철저한 자기반성을 하고 그 후에 제대로 된 관용을 실천해야 한다.

타인의 삶을
허락하기

다른 사람의 생활태도가 맘에 안 들어서 사사건건 잔소리하는 사람들이 있다. 며느리가 하는 짓이 꼴 보기 싫어서 잔소리하는 시어머니나 자녀가 하는 행동이 맘에 안 들어서 잔소리하는 부모, 또 아무런 이유 없이 그 사람의 모든 것이 맘에 안 들어서 괜히 트집을 잡는 사람 등. 이런 종류의 잔소리는 사랑이 깃든 충고와는 거리가 멀다. 그것은 한 개인의 인격을 모독하고 삶 자체를 비하하는 말들이기 때문이다.

"엄마, 제발 날 가만히 내버려둬!"

엄마의 잔소리에 지친 사춘기 아들이 소리를 꽥 지른다.

"야, 이놈아. 내가 누굴 위해 지금까지 살아왔는데. 넌 하는 짓마다 왜 그 모양이냐. 세상에 공부만큼 쉬운 게 어디 있어? 정신 바짝 차리고 공부해라. 그리고 머리 꼴은 그게 뭐냐?"

엄마는 아들의 성적은 물론 머리 모양까지 트집을 잡는다. 그러자 아들이 다시 성질을 낸다.

"아, 정말 별걸 다 잔소리네. 내 머리 내 맘대로 하는 건데 이젠 머리 모양까지 허락받고 살아야 해?"

아들은 그날 반항심에 꾀병을 부리며 학교에 가지 않았다. 나름대로 엄마에게 잘 보이기 위해 공부도 하고 성실하게 학교도 다녔지만 다 부질없는 짓처럼 여겨졌다.

위의 엄마와 아들의 관계에서 가장 큰 문제점은 무엇일까. 우리는 여기에서 엄마의 태도를 짚고 넘어갈 필요가 있다. 엄마는 아들의 삶을 인정하지 않고 있다. 아들을 하나의 온전한 인격체로 대하지 않고 자신의 소유물 정도로 여긴 채 삶의 전반을 지배하려는 것이다. 엄마가 계속 이런 태도로 아들을 대한다면 장담하건대, 아들은 공부에 흥미를 잃게 되고 인생에 대한 긍정적인 관점도 형성하기 어려워질 것이다. 이유는 이러하다. 인간은 개별적 존재로서 먼저 자신의 가치를 인정받고 싶어 하는 심리적 욕구가 있기 때문이다. 이러한 욕구가 말살당한다면 그 누구라도 기분이 좋을 수가 없다.

그대에게 누군가가 이런 말을 한다면 어떨까?

"넌 왜 그렇게 사니?" "넌 하는 행동마다 이상해." "넌 정말 멍청해

보여!" "야, 네 집은 왜 그 모양이냐. 청소 좀 해라." "네 머리 스타일 완전 웃기다." "옷 입는 꼬락서니 하고는!"

날마다 누군가에게 불시에 이런 말을 듣는다고 생각해보자. 기분 상하지 않겠는가.

반항심이 생기는 건 당연한 일이다. 만일 반감이 생기지 않는다면 그것은 더 큰 문제가 되는 일이다. 이런 반감은 매우 타당한 감정이다. 우리는 주체적 인간이기 때문이다. 인간은 개인의 자유와 개성을 충분히 발휘할 수 있을 때 창의적인 삶을 살 수 있는 존재다.

관용은 타인의 삶을 있는 그대로 허락하는 것이다. 자신의 주관적인 입장에서만 판단하고 이래라 저래라 잔소리하는 것은 상대방과 본인 모두에게 아무런 도움이 되지 않는 일이다. 오히려 그건 서로를 괴롭히는 행동일 뿐이다. 잘났든 못났든 기적처럼 이 세상에 온 소중한 사람들이다. 있는 그대로의 삶을 허락하라.

공부를 지지리 못하는 자식도 그 나름대로의 삶을 살아가는 주체적 인간이다. 그의 삶을 허락하라. 매사에 굼뜨고 답답한 직원이 있는가? 그 때문에 매사에 잔소리하는 상사가 되지 말라. 살다 보면 그의 그런 면이 매우 필요한 순간이 있는 법이다. 조금은 더딘 그의 삶을 허락하라. 돈도 못 벌고 무능한 남편과 사느라 열 받는 중인가? 비록 지금은 돈도 못 벌고 궁상을 떠는 것처럼 보이는 남편도 알고 보면 능력이 있는 사람일 것이다. 그의 그런 면을 기꺼이 허락하라. 돈 벌어오라고 바가지 긁지 말고 용기를 북돋워주는 아내가 되어라.

관용할 줄 아는 사람은 타인의 삶이 아무리 답답해 보여도 거기에 참견하지는 않는다. 원하지도 않는데 그 사람에게 충고한답시고 하는 건 충고가 아니라 고문에 가까운 행동임을 기억해야 한다. 관용이란 타인의 삶을 기꺼이 허락하는 자세다. 그가 어떻게 살든 일단은 그 삶을 허락해주어라. 그리하면 본인의 마음이 일단 고요해질 것이다. 일일이 타인의 삶에 간섭하고 신경 쓰느라 스트레스 받던 머릿속이 어느덧 잔잔해질 것이다.

자만심을
버리기

비가 내리다 그친 하늘에선 한 줄기 햇살이 비춘다. 잿빛으로 가득
했던 하늘이 황금빛으로 물드는 건 시간문제다. 언제 비가 왔냐는 듯
세상은 다시 밝은 빛으로 가득할 것이다.

인간의 삶에도 비오는 날이 있기 마련이다. 이런 날의 심리상태는
대부분 흐린 하늘만큼이나 우중충할 가능성이 크다. 그리고 그 심리
의 저변에는 다른 이들에 대한 시기, 질투, 우월감, 무시 등의 갈등이
깔려 있을 것이다. 왜 인간은 다른 존재에 대해 우월성을 느끼고 싶어
하는 걸까. 그 이유를 생각해보자.

자신이 타인보다 못났다고 생각하는 것만큼 초라해지는 일도 없
다. 만일 어떤 사람이 이런 생각만 하면서 산다면 어떨까.

"난 저 사람보다 못났어!"

분명히 행복하지 않을 것이다. 그래서 사람들은 타인보다는 자신이 더 잘났다고 생각하는 경향이 있다. 비록 객관적인 면에서는 그 사람보다 조금 모자라 보이더라도 말이다.

"저 사람은 돈은 잘 벌지만 나만큼 똑똑하진 못해."

"저 사람은 뭘 해도 나보다 못한 인간이야."

이런 식으로 다른 사람들을 낮잡아보면서 위안을 얻고자 하는 사람들이 제법 있다. 놀랍게도 그렇다. 그런데 남들보다 비정상적인 우월감을 느끼는 것이 정말 행복한 일일까. 그 점에 대해 우리는 고개를 갸우뚱할 수밖에 없다. 자신이 얼마나 잘났든 타인을 깎아내리면서 존중받길 기대하는 것만큼 어리석은 짓도 없다는 것을 우리는 알고 있다. 그래서 위와 같은 비정상적인 우월감은 진정한 행복을 줄 수 없는 것이다.

그 대신 **자만심을 버리고 다른 사람들의 좋은 면과 괜찮은 부분을 봐주는 사람이 되면 얻는 것이 많다.** 오히려 타인을 무시하는 사람들은 그렇지 않은 사람들보다 훨씬 더 많은 걸 잃게 되는 것을 우리는 목격할 수 있다. 한참 격렬한 의견교환이 오가는 토론장에서 이렇게 말하는 사람이 있었다.

"제 의견은 하나도 틀린 점이 없습니다. 당신들의 의견은 전부 엉터리예요."

그러면 그 말을 들은 다른 참석자들은 그 의견에 전적으로 공감할까. 천만의 말씀이다. 공감은커녕 그 사람에 대한 부정적인 감정만 쌓이게 될 것이다.

"뭐야, 저 사람. 지가 제일 잘난 줄 알잖아. 재수 없어!"

이런 반응은 어쩌면 예정된 일이다. 사람은 누군가 자신을 짓밟고 올라서려는 것을 절대로 용납할 수 없는 존재이기 때문이다. 자만심에 가득 차서 우쭐대는 인간만큼 재수 없는 인간도 없다. 그 대신 자신에게 상냥하게 손을 내밀어주고 자리를 양보해주는 사람에게 끌리는 법이다.

위기에 처한 사람을 위해 먼저 손을 내밀어주고 자리를 양보해주는 것, 그것이 관용의 정신이다. 그러나 마음에 자만심이 가득한 사람은 절대로 먼저 손을 내밀어주고 양보해주지 않을 것이다. 자만심은 그러한 기본적인 배려조차도 불가능하게 만들기 때문이다. 자신이 세상에서 가장 잘났다고 여기는 사람이 있다면 이 점을 명심해야 한다. 그렇게 생각하는 순간 세상에서 가장 못난 사람이 된다는 것을.

관용할 줄 아는 사람은 자만심이 아니라 겸허함을 갖춘 사람이다. 겸허한 마음으로 다른 존재들에게 기꺼이 영광을 돌릴 줄 아는 사람이야말로 관용의 정신을 습득한 사람인 것이다. 누구나 그렇게 될 수 있다. 일상에서 이런 연습을 하라.

"저 사람은 이런 점이 참 뛰어나."

즉 타인의 뛰어난 점을 발견해 칭찬하는 연습이다.

공부를 못하는 사람은 노래를 잘할 수 있다. 노래를 못하는 사람은 축구를 잘할 수 있다. 한 부문에서 최하위권에 있는 사람이라도 다른 부문에서는 최상위권의 자질을 갖추고 있는 법이다. 그러므로 어떤 사람도 함부로 무시해서는 안 된다. 그것이 관용할 줄 아는 이의 기본적인 소양이다.

살다 보면 받아들일 수 있는 일들과 절대 받아들일 수 없는 일들이 수시로 교차한다. 이는 삶의 매우 자연스러운 현상이다. 그런데 이러한 자연스러운 현상에 대한 인식이 부족한 사람은 결코 받아들일 수 없는 일들이 벌어지면 당황하게 된다. 관용은 이렇듯 수용하기 어려운 참담한 것들을 기꺼이 받아들이는 자세다. 무슨 말일까? 조금 더 쉽게 접근해보자.

어떤 남자의 실제 이야기다. 어느 날 집에서 잠을 자고 있는데 괴한이 침입해서 두 딸과 아내를 살해했다. 그는 복부에 총상을 입었지만 다행히 목숨은 건질 수 있었다. 그의 나이는 서른여덟, 38년 동안 살아오면서 단 한 번이라도 이런 상황을 예상했을까? 전혀 아니다. 그는 단 한 번도 자신이 이런 참담한 상황의 주인공이 되리라는 예상을 하지 않았다.

그건 다른 이들도 마찬가지일 것이다. 누가 자신의 가족이 하룻밤 사이에 괴한에게 살해될 것을 상상이라도 하겠는가. 그것은 인생에 찾아온 예기치 않은 사건이었던 것이다. 그런 그가 참담함을 받아들이지 못했다면 지금쯤 복수를 꿈꾸느라 자신의 삶을 허비하고 있거나 모든 걸 포기한 채 비참하게 살고 있을 것이다. 그러나 다행히 그는 그 상황을 받아들이기로 했다.

"저에게 벌어진 이 사건은 정말 죽을 만큼 힘겨운 일이었습니다. 그렇지만 이젠 참담한 상황을 받아들이기로 했습니다. 이것 역시 신이 주신 제 인생의 한 조각이니까요."

그러면서 그는 자신처럼 하룻밤 사이에 가족을 잃은 사건의 피해자들을 위로하는 일을 하고 있다. 그리고 거기에서 삶의 보람을 찾고 있는 중이다. 자신도 참담한 일을 겪은 피해자지만 참담한 상황이 주는 절망감을 극복하고 다른 피해자들을 위로할 줄 알게 된 것이다. 그는 정말 관용적인 사람이다. 관용이란 이런 것이다. **참담함마저도 담담히 받아들이는 것이 관용이다.** 그는 가족을 죽인 원수를 미워하지 않기로 한 것이다. 그것은 정말 괴롭고 어려운 결정이었을 것이다.

자, 생각해보라. 어느 날 어떤 사람이 갑자기 찾아와 이렇게 말하면서 그대의 뺨을 후려쳤다고 하자.

"넌 살 가치가 없는 인간이야! 쓰레기 같은 인간."

그러고는 미안하다는 사과 한마디 없이 잽싸게 도망가버린다. 이런 느닷없고도 어이없는 상황이 발생했을 때 그대는 어떻게 하겠는가. 고민해보라. 어떻게 해야 할까. 낯선 사람에게 뺨을 얻어맞고 모욕당한 참담함을 곱씹으면서, 상대방을 어떻게 하면 단죄할까 고민하겠는가? 아니면 뺨을 맞은 충격을 담담히 받아들이고 상대방을 용서하면서 자신의 삶을 더욱 긍정적인 방향으로 이끌어가겠는가?

아무도 우리에게 가르쳐주지 않았던 인생의 진실이 여기에 있다. 우리는 별안간 누군가에게 아무 이유 없이 뺨을 얻어맞을 수 있다. 우리는 어느 날 느닷없이 봉변을 당할 위험인자를 지니고 살아가고 있는 것이다. 주목하라. 이 사실을 확실히 그대는 기억해야 한다. **그 순간의 모멸감과 참담함을 어떻게 조절하느냐에 따라서 삶의 희로애락이 결정된다.**

이건 정말 중요한 말이다. 참담한 순간에 어떻게 대처하느냐가 인생의 관건이다. 관용의 마음을 지닌 사람은 어떤 참담한 순간도 묵묵히 받아들이고 그것을 오히려 삶의 플러스 요인으로 바꿀 줄 안다. 그렇게 하기 위해서는 참담함도 내 인생의 소중한 한 조각이라는 걸 이해하는 것이 필요하다.

스스로를
치유하기

몇 년 전부터 우리 사회의 뜨거운 화두가 되고 있는 말이 있다. 바로 '힐링'이다. '힐링'은 곧 '치유'라는 말이다. 이런 힐링 열풍이 지속되고 있는 까닭은 무엇일까. 그만큼 지치고 아픈 사람이 많다는 뜻일 것이다.

힐링 숲, 힐링 음식, 힐링 프로그램, 힐링 책 등. 힐링이 안 들어가면 섭섭하다 할 만큼 모든 것들 앞에 힐링이 붙는다. 그런데 이 '힐링'들의 공통점을 찾아보면 다른 어떤 것에 의해서 치유를 받는다는 것이다.

힐링 숲이라 함은 그 숲에 찾아가야 기운을 느낄 수 있다는 말이고, 힐링 음식이라 함은 그 음식을 먹어야만 몸이 좋아진다는 뜻이 아닌가. 힐링 프로그램도 그 프로그램을 시청하지 않은 사람은 힐링을 얻을 수 없다는 말일 것이며, 힐링 책 역시 그 책을 읽지 않은 사람은 힐링할 기회를 놓친다는 말이 된다.

여기에서 하나의 문제점이 드러난다. 힐링을 앞세운 것들은 모두 다른 어떤 것들에 의지해서 마음의 위안을 얻어야 한다는 점이다. 그런데 굳이 숲에 가지 않아도, 음식을 먹지 않아도, 음악을 듣지 않아도, 책을 읽지 않아도 힐링할 수 있는 방법이 있다는 것을 아는가. 그것은 바로 관용의 시간이다. **관용은 스스로가 스스로를 치유할 수 있는 기적의 힐링법이다.**

어떤 멘토가 있었다. 그 멘토는 깊은 산속에서 수십 년 동안 수련하고 있어서 사람들로부터 존경을 받는 인물이었다. 그의 신비로운 긴 백발과 근엄한 표정은 곁에 있기만 해도 깨달음을 얻을 수 있을 것만 같았다. 그래서 산 아래 사람들은 괴로운 일이 생기면 산중에 있는 그 멘토를 찾아가곤 했다. 어느 날, 바람나서 집 나간 아내 때문에 못 살겠다는 중년의 남자가 찾아왔다. 그의 얼굴은 깊은 근심과 시름으로 깊게 주름져 있었다.

"지혜로운 스승님, 전 아내의 배신 때문에 잠을 이룰 수가 없습니다. 제가 그 여자에게 어떻게 했는지 아십니까? 살림을 잘못해도 아무 소리도 안 하고 제가 빨래도 하고 밥도 짓고 반찬도 만들었습니다. 틈만 나면 쇼핑에 정신이 빠져 돈을 낭비했지만 이해했습니다. 그저 아이 낳고 같이 살아주는 것만 해도 고맙다고 생각했으니까요. 그런데 그놈의 마누라가 다니던 직장에서 만난 젊은 놈하고 바람이 나서 아이들도 버리고 도망을 가버렸습니다. 분하고 원통해서 살 수가 없습니다. 전 무엇을 어떻게 해야 합니까?”

사실 그가 멘토를 찾아온 목적은 따로 있었다. 멘토는 산속의 각종 귀한 약초로 마음을 안정시키는 신비의 효소를 만들 줄 아는 사람이었다. 많은 사람들이 그 효소 덕에 피폐해진 몸과 마음이 좋아졌다는 소문을 듣고 찾아온 것이다.

“이것 보게, 젊은 양반! **나도 자네와 같은 인간일 뿐이라네. 나라고 해서 별 뾰족한 수가 있겠는가.** 다만 신혼 초에 자네가 아내에게 품었던 마음을 되돌아보았으면 좋겠네. 오늘 집에 가거든 결혼하기 전에 아내를 사랑했던 불타는 마음, 신혼 초에 나누었던 허물없던 사랑을 돌이켜보도록 하게. 모든 건 마음먹기에 따라 달라져 보이는 거라네.”

그 말을 남긴 멘토는 효소 한 방울도 나눠주지 않고 돌아섰다. 다급한 마음에 남자가 멘토를 불렀다.

“죄송하지만 멘토님, 그 유명한 효소를 제게 조금만이라도 나눠주실 수 없겠습니까? 그 효소를 먹으면 몸과 마음이 평안해진다는 소문을 듣고 찾아왔습니다. 돈은 넉넉히 드리겠습니다. 제발 제게 그 효소를 주십시오.”

그러나 멘토는 이런 말만 남기고 저만치 멀어져갔다.

“허허, 내게 그런 건 없다네. 누가 지어낸 헛소문인가보군. **무엇을**

먹어서 혹은 무엇을 통해서 병든 영혼을 구원하려고 하지 말게. 자네 스스로 해답을 찾을 수 있다는 사실을 기억해."

마누라가 도망가서 속상한 마음에 찾아온 남자에게 멘토란 작자는 하늘의 뜬구름 잡는 소리나 하는 것이다. 남자는 속이 상하고 화도 났다. 씩씩거리면서 산 아래 집으로 돌아왔다. 그리고 가만히 이불 속에서 멘토의 말을 떠올려보았다.

"해답은 내 안에 있다고?"

그는 망설이다가 속는 셈치고 멘토의 조언을 따라보기로 했다. 과거 자신이 사랑했던 아내의 해맑은 모습, 그녀에게 순정을 바치던 자신의 순수했던 모습 등을 떠올려봤다. 그러다가 아내가 바람이 나기 전에 자신이 외도를 했음을 기억해냈다. 그 일은 아내의 외도 전에 있던 일이다. 그녀는 그 일로 많은 상처를 받았던 것이다. 그는 비로소 자신이 미워하던 아내를 가엾게 여기게 되었다. 그리고 멘토의 말처럼 효소를 먹지 않았음에도 소란스럽던 마음이 시나브로 고요해졌다.

위의 남자가 한 가장 중요한 행동을 나는 관용이라고 말하고 싶다. 남자는 처음에 아내가 집을 나갔다는 사실에만 집착하고 분노했다. 하지만 아내가 그럴 수밖에 없었던 이유를 생각해내고는 그녀를 비로소 이해하게 된 것이다.

관용은 셀프 힐링의 정점이다. 효소나 마법의 약을 복용하지 않아도 우리는 얼마든지 관용을 통해 행복해질 수 있다.

누구나 한 번쯤, 아니 훨씬 더 많이 불면의 밤을 보낸 적이 있을 것
이다. 수능시험을 앞둔 고3 수험생만 잠 못 이루면서 고민하는 것은
아니다. 보통의 삶을 살아가는 보통의 사람들도 불면의 밤을 지새우면
서 인생의 쓴잔을 들이켠다.

나도 그런 사람이었다. 날마다 삶이 내게 주는 시련을 푸념하면서
고뇌 어린 삶을 살아왔다. 그런데 내면의 고뇌와 슬픔을 푸념이라는
부정적인 형태로 표현했을 때 나의 삶은 전혀 행복하지가 않았다. 끊임
없이 내면에서는 또 다른 고뇌, 또 다른 슬픔이 생겨났기 때문이다.

그러면 나는 도대체 언제부터 비로소 인간다운 삶을 살게 되었을
까. 여러분에게 그 비밀을 가르쳐주려고 한다. 내적인 번민과 슬픔으로

부터 자유로워질 수 있었던 것은 내가 사람들을 더 사랑하고 내 인생을 더 사랑하기 시작했을 때였다. 그러니까 인간은 타인과 인생에 대한 사랑을 품기 시작할 때 비로소 자신을 옭아매던 부정적인 굴레에서 벗어날 수 있게 되는 것이다. 이것은 진실이다.

내면의 고뇌가 있는가? 그렇다면 마음속에 사랑을 품어라. 내면에 슬픔이 있는가? 그렇다면 또한 마음속에 사랑을 품어라. **관용은 사랑이다. 사랑 없는 관용이란 있을 수 없다. 그건 우리가 삶에서 체험할 수 있는 사실이다.**

이런 교사가 있다고 하자. 어느 날 한 남학생이 지각을 했다. 그 남학생은 평소에도 말을 잘 듣지 않고 수업태도가 불량했다. 한마디로 문제 학생이라고 할 수 있었다. 적어도 교사 입장에서는 그 아이가 그랬다. 그래서 교사는 그 학생에 대해 자신도 모르는 사이에 부정적인 낙인을 찍어놓았다. 그렇지만 스스로는 그 사실을 깨닫지 못했다. 교사는 지각한 아이에게 인상을 찌푸리면서 이렇게 말했다.

"이따위로 할래? 지금이 몇 시냐? 너 같은 놈도 학생이라고 할 수가 있는 건지 모르겠다. 도대체 무슨 생각으로 사는 거야? 네 집안 형편이 그따위니 네 행동도 이따위인 게야. 오늘만 봐주겠다. 앞으로 한 번만 더 늦으면 각오해."

반 아이들이 모두 지켜보는 앞에서 지각한 학생은 모멸감을 참으면서 그 말을 들어야 했다. 그러나 교사는 자신의 언행이 잘못되었음을 알지 못했다. 오히려 그는 자신이 관용을 베풀었다고 생각했다.

'지각한 놈을 봐줬어. 난 너그러운 교사야. 다음엔 지각하지 않겠지.'

이렇게 생각했다. 하지만 학생의 입장에서는 전혀 관용의 혜택을 본 것이 없다. 왜냐하면 교사는 아이를 사랑하는 마음으로 대하지 않았기 때문이다. 그건 용서를 위한 용서에 지나지 않았다. 즉 교사는 아이의 지각을 용서해주는 것에 의미를 두었을 뿐 아이의 인격이나 감정, 주변 상황, 심리 등을 전혀 고려하지 않은 채 독단적이고 일방적으로 행동했다.

사랑은 마치 미역국을 끓일 때 넣는 참기름과 같다. 참기름 없이 끓인 미역국을 먹어봤는가. 분명 미역국인데 미역국 같지가 않다. 사랑도 마찬가지다. 사랑이 빠진 관용은 겉보기에는 관용인 것 같은데 뭔가 관용 같지가 않다. 그래서 사람들은 그런 가짜 관용을 자연스럽게 경멸하게 된다. 만일 누군가에게서 가짜 관용, 즉 사랑이 빠진 관용을 받은 사람은 몹시 기분이 나쁠 것이다. 그 사람은 상대방으로부터 진정성이 결여된 거짓 베풂이나 친절 등을 받았을 것이기 때문이다.

이렇게 중요한 **사랑을 만드는 주원료가 무엇일까. 그건 위에서 언급한 삶의 고뇌와 슬픔이다.** 인간만큼 치열하게 인생을 고민하는 존재도 없다. 개 한 마리가 자신의 견생에 대해서 밤잠을 설치면서 고민했다는 말을 들은 적이 있는가? 동물 중에서 가장 똑똑하다는 아이큐 80의 돌고래가 자신의 삶을 고뇌하면서 한 줄의 글을 썼다는 말을 들어본 적이 있는가? 물론 아무도 없다.

그러나 인간은 존재하는 한 수시로 고뇌한다. 그렇기 때문에 고뇌와 슬픔을 어떻게 처리하느냐가 관건이 되는 것이다. **그대는 지금까지 어떻게 인생의 고뇌와 슬픔을 다루어왔는가. 지금부터는 그것들을 승화시켜서 사랑으로 만들어라.** 그리고 진정성 있는 관용을 베풀어라. 사랑이야말로 참다운 용서와 이해의 발판이다.

스스로를
배려하기

주변에 이런 사람 한 명쯤 꼭 있다. 무슨 일을 하건 생색을 내는 사람 말이다.

"이건 전적으로 너를 위해서 한 일이야."

"난 이 일로 얻는 게 아무것도 없어. 다 너희들 때문에 한 거야."

관용을 베푸는 사람들 중에도 종종 이런 사람이 있다.

"다 너를 위해서 내가 용서하는 거야. 널 용서함으로써 내가 얻는 건 아무것도 없어."

그런데 그는 뭔가 잘못 알고 있다. 용서란 결국 자기 자신을 위한 것이라는 사실이다. 왜 관용이 자기 자신을 위한 일인지 함께 생각해 보자. 우리는 혼자서 살 수 있는 존재가 아니다. 사람을 싫어하든 좋아하든 결국 사람들과 부대끼면서 살아가야 하는 존재들이다. 이 사실을 부정하는 사람은 별로 없을 것이다.

그렇게 사람들과 관계하면서 살아가다 보면 별별 이상한 사람들을 다 만나게 되는 것이 인생이다. 정상적인 사람으로서는 이해하기 힘든 나쁜 짓을 저지르는 사람들이 있기 마련이다. 내가 반평생을 살아오면서 깨달은 인생의 진실이 그러하다. 그래서 인생에는 별 괴상한 인간들이 많이 등장한다.

예를 들어, 누군가가 그대의 물건을 몰래 훔쳐서 쓴다는 사실을 알았다고 하자. 그 사람은 물건을 훔쳐다 쓰고 그렇지 않은 것처럼 뻔뻔하게 다시 제자리에 갖다놓는다. 이때 가장 먼저 드는 감정은 불쾌감일 것이다.

'아니, 내 앞에서는 그렇게 친한 척하더니 내 물건을 허락도 없이 가져다 쓰는 거야?'

이런 생각이 들면서 그를 미워하게 되는 것이다. 학창 시절 이런 친구들 한 명씩은 꼭 있었던 기억이 나질 않는가? 사회에서도 마찬가지다. 학창 시절에 다른 친구 물건을 제 물건인 양 쓰던 친구들이 성인이 되어 사회생활을 하면서도 그 버릇 못 버리기 때문이다. 이런 상황에 놓였을 때 우리는 두 가지 선택을 할 수 있다. 하나는 자신의 물건을 멋대로 가져다 쓰는 친구를 저주하거나 또 하나는 관용으로 그를 이해하는 것이다.

첫 번째 선택을 한 사람은 어떨까. 자신의 물건을 몰래 훔쳐 쓰는 친구를 미워하고 증오하느라 기력을 소진하게 된다. 밥을 먹어도 그 인간 생각, 길을 걸어도 그 인간 생각, 책을 읽어도 그 인간 생각이 머리에서 떠나지 않는다. 마치 사랑에 빠진 사람처럼 그 미운 인간도 그렇게 수시로 생각 속으로 비집고 들어온다. 원인은 그 사람에 대한 증오심이 일상을 잠식해버렸기 때문이다. 하여튼 밉고도 미운 그 인간 생각으로 생활이 엉망이 되어버릴 가능성이 크다.

인간이 무한한 가능성을 발휘하기 위해서는 자신이 하는 일에 전적으로 몰두해야 하는 법이다. 그런데 누군가를 증오하는 사람은 그럴 여력이 부족하게 된다. 이건 에너지가 분산되기 때문에 일어나는 현상이다. 그러므로 자신을 비난하는 사람을 증오하게 된 사람은 결국 자신의 발전 가능성을 스스로 가로막는 셈이다.

두 번째 선택을 한 사람은 어떨까. 자신의 물건을 제멋대로 가져다 쓰는 친구를 관용으로 용서하고 이해하기로 선택한 사람은 더할 나위 없이 편안한 일상을 보내게 된다.

"그래, 이 세상에 특정인의 소유물이란 애초에 없는 것이지. 괜찮아, 그 물건을 그 친구가 가져다 써도 난 괜찮아."

그의 마음은 이런 생각과 함께 언제나처럼 고요하고 침착할 것이다. 누군가를 구태여 미워하지도 않고 원망하지도 않기 때문에 스스로의 마음을 조절할 수 있는 여력과 시간이 있기 때문이다. 이 선택은 스스로를 위한 최고의 선택이다. 그리고 스스로를 위한 최고의 배려다. 증오심으로 일상을 혼란스럽게 만드는 사람은 결코 누릴 수 없는 자유롭고 온전한 평화를 맛볼 수 있는 사람이 관용을 선택한 이다.

사실 관용은 스스로를 위한 배려인 셈이다. 겉보기에 관용은 타인을 위한 배려 혹은 타인을 위한 마음 씀으로 보일 수 있다. 그도 그럴 것이 관용은 타인의 잘못이나 어리석음을 용서하고 이해하는 일이라고 여겨왔기 때문이다. 그러나 넓은 의미에서 관용은 타인의 잘못이나 어리석음에 대한 싸구려 동정이나 이해가 아님을 알아야 한다. **관용은 스스로를 보살피는 최선의 행동양식이다. 타인을 위한 희생이 아니라 결국 자기 자신을 위한 삶의 올바른 태도인 것이다.**

그대의 험담을 여기저기 퍼뜨리고 다니는 사람이 있는가. 그를 용서하라. 그러면 그 사람이 아니라 그대가 가장 많은 혜택을 누리게 될 것이다. 그대를 괴롭히는 사람이 있다면 그 또한 용서하라. 그대가 관용을 베풀면 그 사람이 아니라 그대가 가장 큰 관용의 수혜자가 될 것이다. 절대로 용서할 수 없는 짓을 저지른 악마 같은 사람이 있는가. 그렇더라도 그를 기꺼이 용서하라. 그러면 그 사람이 아니라 그대가 가장 먼저 마음이 진정되고 행복해질 수 있을 것이다.

사람이 폭발적으로 감정을 표출하는 순간은 언제일까. 바로 분노에 사로잡혀 있을 때다. 인간은 화가 나면 기존의 장점들을 잃어버리게 된다. 예컨대 침착함이나 인간다운 지성 등이 그것이다. 분노는 지극히 정상적인 인간을 지극히 비정상적인 인간으로 순식간에 변화시키는 마법과 같은 감정이라고 볼 수 있다. 따라서 모름지기 인간은 화에 대한 자신만의 대비책을 가지고 살아야 하는 것이다. 화를 다스리고 예방하는 가장 좋은 방법이 무엇인가? 그것은 두말할 필요 없이 관용이다.

관용은 화가 났을 때나 화가 나기 일보 직전이나 모두 효과를 발휘한다. 화가 났을 때 관용은 화에 사로잡혀서 헐떡대는 정신 상태를 서서히 이성적인 정신 상태로 되돌려놓는다. 화가 나기 전에 관용은 화 때문에 벌어질 수 있는 부정적인 일들을 스스로에게 주지시킴으로써 화를 누그러뜨리게 해준다. **관용은 분노를 예방할 수도 있고 분노를 치유할 수도 있는 것이다.**

한 채소가게에서 벌어진 일이다. 그곳은 그 지역에서도 가장 규모가 크고 유명한 가게였다. 종업원도 20여 명 가까이 되었다. 그 가게 사장은 매일 종업원들에게 성질을 부렸다.

"행동이 왜 이렇게 굼뜨냐? 빨리빨리 움직여!"

그가 그렇게 말하지 않아도 종업원들은 나름대로의 위치에서 열심히 일하고 있는 중이었다. 오늘도 그의 불호령이 떨어졌다.

"야, 너 배달 빨리 안 가냐? 뭐 하는 거냐. 똑바로 일하라고!"

김 군은 참다 참다 더 이상 참을 수 없는 지경이 되었다. 갑자기 화가 나기 시작한 것이다. 한 번도 사장의 말에 말대꾸를 하지 않던 그가 버럭 소리를 질렀다.

"사장님, 저희들이 바보인 줄 아십니까? 다들 잘 알아서 한단 말입니다."

그러고는 채소 상자를 걷어차고 그곳을 뛰쳐나왔다. 김 군은 가게를 뛰쳐나온 후에도 분노를 쉽게 가라앉힐 수가 없었다. 가까운 포장마차에 가서 소주를 마셨다.

"나쁜 새끼! 지가 사장이면 다야?"

김 군은 그날로 채소가게를 그만두었다. 그래서 다시는 그 성격 나쁜 사장의 얼굴을 보지 않아도 되었다. 그러나 그의 분노는 여전히 현재진행형이다. 아직도 그는 마땅한 일자리를 구하지 못한 상태다. 마음속 가득 분노가 똬리를 틀고 있어서 누구를 만나더라도 긍정적인 기운을 보여줄 수가 없었기 때문이다. 분노에 가득 찬 그의 머릿속에서 나오는 말들은 늘 부정적이고 파괴적이었다. 그날의 분노를 잘 다스리지 못해서 몇 달, 아니 몇 년 동안 그를 괴롭히고 있는 것이다.

한순간의 분노를 다스리지 못하면 이처럼 평생을 고통 속에 살아갈 수도 있다. 그러므로 분노를 확실히 다잡고 살아가는 것이 중요하다. 채소가게에서 일했던 김 군의 이야기로 되돌아가보자. 타임머신을 타고 돌아간 그곳에 다시 김 군이 있고 잔소리 심한 성격 나쁜 사장이 있다. 사장은 김 군을 향해 소리칠 것이다.

"야, 일 좀 똑바로 하라고! 배달이 밀렸잖아, 서둘러!"

그러면 김 군은 자신은 나름대로 열심히 일하고 있었으므로 억울하다는 느낌이 들었을 것이다. 억울하다는 느낌은 화가 되려고 한다. 그리고 마침내 화가 난다. 그때 김 군은 관용을 꺼낸다. 관용은 그의 화난 마음을 들여다본다. 그리고 마찬가지로 오늘 아침에도 바짝 독이 오른 사장의 화난 마음도 들여다본다. 그런 후에 두 사람이 모두 평화롭게 하루를 보내는 방법을 현명하게 모색한다.

"네, 사장님. 열심히 하겠습니다."

김 군은 빙그레 웃으면서 더 활기찬 몸짓을 보여준다. 그러자 사장은 자신이 한 행동에 조금 머쓱해져서 다른 일을 보러 자리를 뜬다. 관용을 잠깐 사용했는데 결과는 매우 다르게 나오지 않았는가.

화가 났을 때는 관용을 써라. 그대는 관용적인 인간이다. 지금 이 책을 읽는 독자는 누구나 관용적인 인간의 자격을 갖추고 있다. 인간이라면 관용을 배우고 싶은 열망이 있기 때문이다. 그러한 열망이 이 책의 페이지를 넘기게 하는 것이다. 그러므로 그대는 관용적인 인간이다. 이 시간 이후 화가 나는 순간이 찾아오면 반드시 그대다움을 발휘해야 한다. 그대다움이란 관용의 마음을 지닌 채 행동하는 것이다.

분노를 다스리는 현명한 처신은 서로가 행복해지는 길을 모색하는 것이다. 나만 행복해지려고 한다면 김 군처럼 사장에게 화를 내고 가게를 박차고 나갈 것이고, 타인만 행복해지길 바란다면 자신의 생각과는 관계없는 일을 하면서 불행해질 것이다. **서로가 행복해지는 걸 원하는 마음으로 분노를 대한다면 화를 내기보다는 서로에게 이익이 되는 행동을 하려고 노력하게 될 것이다.** 그건 분명히 나와 타인 모두의 마음을 다독거려줄 수 있는 효과적인 관용법이다.

1밀리미터 더
깊이 들여다보기

마을 사람들로부터 손가락질 받는 패륜아가 있었다. 20대 청년인 그는 노모에게 욕을 하고 때로는 손찌검도 했다. 노모는 그렇게 아들에게 학대를 당하면서도 주변 사람들에게는 이렇게 말하고 다녔다.

"우리 아들은 효자요. 난 우리 아들 없인 못 살아요. 그러니 우리 아들을 신고할 생각은 하지 마시오. 난 아무렇지 않으니까."

이렇게 말하는 바람에 마을 사람들은 신고를 할 수도 없었다. 하지만 아들에 대한 단죄는 법이 아니더라도 마을 사람들에 의해서 진행 중이었다. 사람들은 아들이 보이면 일단 그를 무시했다. 말을 걸어도 모른 척하고 지나쳤고 그와 안면이 있는 사람들조차도 그를 보는 일을 꺼려했다. 그래서 그는 점점 고립되어갔고 외톨이가 되어갔다.

그런데 그 마을에서 단 한 사람만은 그를 평범하게 대해주었다. 그는 평범한 40대의 가장이었다. 그의 이름은 김용수였다. 용수 씨도 처음엔 패륜아에게 좋지 않은 감정을 갖고 있었다. 그런데 어느 날 우연히 패륜아와 대화를 나누게 되었다. 그때 용수 씨는 기존에 가지고 있던 그에 대한 부정적인 이미지를 일단 내려놓기로 했다. 이 사람이 왜 패륜아가 되었는지 문득 궁금해졌던 것이다.

"자네, 요즘 많이 힘들지?"

그는 다만 이 한마디를 했을 뿐이다. 그런데 청년은 그만 울음을 터뜨리고 말았다. 한참을 서럽게 흐느껴 울던 청년이 붉게 충혈된 눈으로 그를 바라보았다. 그 눈빛은 너무나 순진해 보였다.

"네, 아저씨. 전 정말 나쁜 놈이죠. 엄마에게 못된 짓 많이 하고 있어요. 그런데 저희 엄마가 어릴 적에 바람을 피우셨어요. 그래서 아빠가 죽을 때 가장 고통스럽게 죽는다는 농약을 드시고 자살을 하셨거든요. 제가 열 살 때 일이에요. 전 그 일이 뼈에 사무쳐서 살 수가 없어요. 엄마를 보면 화가 나고 돌아가신 아버지가 가엾고 그래서요. 안 그러려고 하는데 자꾸만 엄마에게 나쁜 행동을 하게 되네요."

그랬다. 패륜아라고 낙인찍힌 20대 청년의 가슴에는 그런 오래된 슬픔이 있었던 것이다. 용수 씨는 그를 1밀리미터 더 깊이 들여다보았던 것이다. 거창하게 몇 백 미터 깊이 들여다볼 필요도 없다. 단지 1밀리미터 더 깊이 다른 사람을 들여다본다면 미처 알지 못했던 그의 속

사정을 알 수가 있다. **1밀리미터 더 깊이 사건을 들여다보면 미처 깨닫지 못했던 사건의 본질을 파악할 수가 있다. 관용이란 그런 것이다.** 아주 미세한 차이다.

순간의 선택이 평생을 좌우한다는 말을 들어봤을 것이다. 관용이 그러하다. 그 순간 관용을 선택하는 것이 평생의 행복과 불행을 좌우할 수 있다. 그런데 관용이란 것에 대해 겁을 먹는 경우가 많다. 관용? 왠지 부담스럽다. 마치 종교계의 거목들이나 위대한 분들이 일반인들에게 베푸는 그 무엇인 것만 같기 때문이다.

그렇지만 나는 관용이란 것은 평범한 인간들을 위한 신의 선물이라고 말하고 싶다. 단언컨대 관용은 이 시대를 살아가는 보통 사람들이 얼마든지 행할 수 있는 선한 일이다. 그 선한 일을 할 수 있는 것이 바로 1밀리미터만 더 깊이 사물을 들여다보는 것이다. 그러면 보지 못했던 것들이 보일 것이다.

고작 1밀리미터가 아니다. 고작 1밀리미터만 더 깊이 들여다봐도 상대방에 대한 이해도가 달라짐을 명심하라. 도저히 해결할 수가 없을 것만 같던 일도 1밀리미터만 더 깊이 들여다보면 그 사건의 원인과 해결 방법을 찾을 수 있을 것이다. 조금만 더 깊이 사물을 이해하도록 노력하는 사람이 관용할 줄 아는 사람이다.

성공하려면

성공한 기업가가 있었다. 그는 가난한 시골에서 태어나 초등학교만 졸업하고 빈손으로 혼자 상경해서 지금의 부를 일구었다. 그의 그룹은 재계 순위 50위 안에 들었고 전 국민 누구나가 그 회사의 이름을 알고 있다. 그는 분명히 성공한 기업가처럼 보였다. 그런데 그는 전 국민의 지탄의 대상이 되고 말았다. 회사 돈을 자신의 돈인 양 비자금을 만들어서 마구 써댔기 때문이다. 그의 회사는 이제 부도 직전의 상태에 놓이게 되었다. 그는 항변한다.

"전 성공한 사업가입니다. 제가 만든 제 회사 돈 좀 썼다고 죄가 됩니까?"

그는 자신이 무엇을 잘못했는지 깨닫지 못했다. 며칠 후에 그는 법원 앞에 포진한 기자들에게 둘러싸여서 뉴스에 나올 예정이다. 아마도 여느 재벌총수처럼 마스크를 쓰고 휠체어를 타고 나타날 것이다. 그는 왜 이 지경이 되었을까?

지금부터 우리는 관용이 성공에 필수요건이라는 것을 배워볼 예정이다. 성공에 필요한 요소는 여러 가지가 있다. 정직, 신뢰, 성실, 책임감 등. 이런 것들에 관용이 추가되어야 한다는 사실을 아는가. 관용이 성공의 필수요건이 되는 까닭은 이러하다. 위의 기업가를 예를 들어서 설명해보려고 한다.

그는 회사를 자신의 사유재산쯤으로 여기는 어리석음을 범했다. 즉 그는 회사에 다니는 다른 직원들을 무시한 것이다. 그가 관용적인 인간이었다면 회사 돈을 가져다 쓸 생각조차 하지 않았을 것이다. 만일 그런 생각이 들었다고 해도 회사 돈을 가져다 쓰기 전에 자신을 믿고 따르는 수천 명의 직원들을 생각했을 것이다.

'내가 이 돈을 탕진한다면 회사가 어려워지겠지. 그럼 우리 회사 직원들은 일자리를 잃을 것이고 그 가족들은 생계가 곤란해질 거야.'

이런 마음이 드는 건 당연한 일이다. 그렇지만 그는 관용이 없는 인간이었다. 그는 자신이 하는 행동이 어떤 결과를 초래할지 전혀 고려하지 않고 욕심대로 행동했던 것이다. 그래서 결국 그는 성공한 사업가가 아니라 인생의 실패자가 되고 만 것이다.

관용은 이렇듯 성공에 깊이 관여한다. 그러므로 **성공하고 싶은 사**

람이라면 관용의 정신을 배우고 익혀야 하는 것이다. 관용적인 인간이 된다는 건 성공적인 인간이 될 수 있는 기본적인 요건을 갖추는 셈이다. 관용을 배제하고서 어떤 성공을 이루었다고 치자. 그는 어떤 인생을 살게 될까?

어떤 사람이 엉터리 소파를 만들어 팔아서 부자가 되었다. 그는 폐기되어 마땅한 낡은 소파를 대충 수리해서 겉에 그럴싸한 가죽을 덮어씌운 후 새것이라고 속여 팔았던 것이다. 그런 식으로 수년 만에 어마어마한 돈을 모았다. 이 사실을 알 리 없는 주변 사람들은 그가 성공한 사람이라고 말했다.

그는 정말 성공한 사람일까? 쓰레기나 되어야 할 재료로 가구를 만들어 판 행위는 일단 인간에 대한 애정이 없다는 것을 의미한다. 사람을 사랑하는 사람이라면 결코 부실하기 짝이 없는 엉터리 가구를 팔지 않을 것이기 때문이다. 관용은 인간에 대한 사랑과 이해, 용서가 모두 포함된 가치다. 그러므로 사람을 사랑하는 마음 없이 어떤 이익을 얻었다면 그는 관용이 없는 사람이다. 관용을 배제하고 얻은 성공은 부실하고 허망한 것이다.

여러분은 반드시 이 사실을 기억해야 한다. 성공하려면 관용할 것. 바꾸어 말하면 관용하는 사람이 진짜 성공한다는 것. 우리는 이런 사람을 존경하고, 이런 사람을 성공한 사람이라고 말하고 싶어 한다. 사람을 사랑하고 사람을 위한 일을 하는 사람, 사람에 대한 이해와 공경심이 있는 사람, 자기가 가진 것들을 아낌없이 다른 이들에게 나누어 주는 사람. 이런 모든 것들이 관용의 정신에 합당한 것들이다.

정말로 성공한 기업인이라면 자신의 주머니에 회사 돈을 숨기는 짓은 애초에 하지 않는다. 그는 인간을 사랑할 줄 아는 사람이기 때문이다. 그리고 성공은 결코 물질적인 것으로 측정할 수 없음을 알기 때문이다.

기업가가 아니더라도 삶에서 성공을 이룰 수 있다. 작가가 되거나 연예인이 되거나 교사가 되거나 정치인이 되거나, 그 무엇이 되었든 삶의 목표를 이루는 것이 일차적 성공이다. 그런데 일차적 성공이 영원한 성공, 즉 진짜 성공이 되기 위해서는 관용이라는 가치가 반드시 포함되어 있어야 한다.

관용이 없는 작가가 있다고 치자. 그가 써낸 글들은 과연 어떤 글들이 될 것 같은가? 관용이 없는 연예인이 있다고 하자. 그가 텔레비전에 나와서 하는 행동들은 사회에 어떤 파급력이 있을까? 관용이 없는 교사도 마찬가지다. 그런 교사 밑에서 공부해야 하는 학생이 그대라면 심정이 어떠한가?

성공은 돈을 수십억 벌었다거나 세계적으로 이름을 떨쳤다거나 그런 것이 아니다. 관용적인 인간이 되는 것이 실질적인 성공의 척도가 되어야 한다. 그런 후에 자신의 목표를 이루는 사람이 진짜 성공한 사람이다.

지금까지 가지고 있던 성공에 대한 인식을 바꿔라. 통장의 잔고가 많다고 성공한 삶이 아니라는 것을 분명하게 깨달아야 한다. 그것은 어쩌면 조금은 더디고 힘겨운 시간이 될 수도 있다. 사람들은 너무도 깊이 물질만능주의에 사로잡혀 있기 때문이다. 그러나 관용이야말로 인생을 행복하게 만들어줄 소중하고 고결한 가치가 아닌가. 그러므로 성공은 관용을 밑바탕에 깔고 이룩해야 한다는 사실을 유념해야 한다.

갈등을
해소하는 비법

마당 한가운데 있는 조그만 정원에 수선화가 탐스럽게 피어났다.
나는 그걸 어제 오후에 발견했다. 언제 그렇게 피어 있었는지 노란 꽃
망울을 수줍게 내민 수선화를 보니 이제 정말 봄이구나 싶었다. 그 옆
에는 연분홍 매화도 꽃망울을 터뜨렸다. 향기가 좋은 꽃이어서 그런지
수많은 꿀벌들이 매화 꽃잎에 들러붙어 있었다. 그런데 수선화에는 단
한 마리의 벌도 날아들지 않았다.

나는 3월의 봄 햇살을 맞으면서 문득 생각했다. 꽃들도 이러한데
사람은 오죽할까.

향기가 있는 꽃이 벌들을 끌듯 향기가 있는 사람이 인기를 얻기
마련이다. 그 인기가 신기루처럼 허망한 것이 아니라는 전제하에서 같

은 인생이라면 인기 있는 인생을 사는 게 좋지 않을까. 그런데 인기 있는 사람이 된다는 것은 이런 전제가 있어야 한다. '갈등이 전혀 없거나 최소화된 삶을 살 것.' 복잡하고 심각한 갈등을 일으키고 그런 갈등을 겪고 있는 사람과는 친하게 지내고 싶지 않은 게 인간이다.

여러분 곁에 지금 친구가 한 명 있다고 치자. 그 친구는 유치원 때부터 함께 자란 고향 친구다. 그런데 그 친구가 가족들과 엄청난 갈등을 겪고 있다. 그래서 오늘 당장 가출하겠다고 그런다.

"아, 나 정말 집에서 못 살겠어. 식구들이 나만 괴롭힌다니까. 오늘 당장 집을 나와야겠어. 아니지, 아예 안 들어가야겠다."

이러면 그대는 슬슬 속으로 걱정이 되기 시작할 것이다.

'이 친구가 왜 이래? 혹시 우리 집에 오겠다는 건 아니겠지?'

그러면 그 친구가 조금 부담스러워지기 마련이다. 갈등은 누구에게도 도움이 되지 않는 상황이다. 이런 백해무익한 상황을 해소하기 위해서 사람들은 여러 가지 시도를 한다. 여자친구와의 갈등을 해소하기 위해 장미꽃 100송이를 선물하는 남자친구, 거래처와의 갈등을 해소하기 위해 뇌물을 준비하는 사장, 부모님과의 갈등을 해소하기 위해 고가의 선물을 준비한 아들 등 갈등을 해소하기 위한 노력은 여기저기에서 이루어지고 있는 중이다. 그만큼 인간은 이런저런 갈등을 겪으면서 산다는 뜻이다.

그러나 갈등을 선물이나 특정한 행동으로 해소하려는 건 잘못된 생각이다. 갈등을 해소하려면 그것들 이전에 광범위한 관용이 있어야 하는 것이다. 그럼 우리는 이 시점에서 갈등이 무엇인지 다시 한번 고심해봐야 한다.

갈등은 인간관계가 심하게 일그러진 지경이다. 서로 이해하지 못하고 모든 잘못의 원인을 상대방에게 넘기는 것이 갈등이다. 갈등 상황에 놓이게 되면 인간은 대체로 자신이 한 행동을 되돌아보는 감각을 잃는다. 즉 어떤 상황에 대한 인지능력과 그에 대한 분석능력이 편향된 경향을 보이게 되는 것이다.

자신이 한 행동에 무덤덤해지고 대신 상대방이 한 모든 행동은 아주 세세하고 날카롭게 분석한다. 그렇게 되니까 자신의 잘못은 전혀 깨닫지 못하고 온통 상대방의 잘못만 보이는 것이다. 그래서 관계를 틀어지게 만든 원인을 상대방이 제공했다고 믿는다. 이처럼 **서로가 서로를 탓하고 서로가 서로에게서 사과를 받고 싶어 하는 마음이 사라지지 않는 한 갈등을 해소할 수 없다.**

관용은 이런 팽팽한 대치 상황인 갈등을 해소해줄 수 있다. 어떻게 가능한가? 그것은 관용의 철학에서 해답을 구하는 것이다. 관용은 먼저 자신을 돌아보고 먼저 용서를 구하는 것이다.

어떤 사람이 이웃과 소음 때문에 갈등을 겪고 있었다.

"이보슈! 시끄러워서 살 수가 없어. 도대체 새벽 2시에 피아노는 왜 치고 그러는 거야? 당신들은 잠도 없어?"

이렇게 그 집에 쫓아가서 항의를 하면, 서른도 안 된 집주인은 이렇게 맞받아쳤다.

"아니, 내가 내 집에서 피아노 연습하는데 당신이 뭔 상관이야? 별 미친!"

"뭐라고? 미친? 너 말 다 했냐?"

조금만 더 있으면 몸싸움이라도 할 것 같아서 그는 집으로 다시 돌아왔다. 하지만 분해서 참을 수가 없었다. 그 분함을 풀기 위해 고소도 했다. 그렇게 이웃과 갈등을 겪은 지 어언 5년이다. 하지만 지금도 옆집 사람이 새벽 2시에 피아노를 치는 건 여전하다. 그런 갈등 때문에 그의 삶은 지옥으로 변해버렸다. 이제 그는 인생 최후의 결단을 해야 한다. 이런 상태로 계속 살아갈 수는 없기 때문이다. 이사를 가지 않을 거라면 옆집과 더불어 사는 것은 피할 수 없는 일일 것이다.

그렇다면 그는 이제부터 자신이 할 수 있는 최선의 선인 관용을 베풀어야 한다. 그는 먼저 왜 옆집 사람이 새벽 2시에 피아노를 치는지 이해해보려고 노력해야 한다. 알고 보면 그 사람이 정신적으로 심각한 우울증이 있어서 그럴 수도 있지 않은가.

그리고 자신의 행동도 되돌아볼 필요가 있다. 굳이 그렇게 직접 찾아가서 화를 내고 소리 지르며 항의하지 않고서도 자신의 마음을 전할 수도 있었을 것이다. 잘못을 저지른 사람일지라도 매우 강압적으로 그 잘못을 지적받으면 반발하기 마련이다. 이것은 우리가 무언가 잘

못했을 때 누군가로부터 사정없이 꾸중을 들을 때 기분을 상기해보면 알 것이다. 그는 이렇게 생각을 달리하여 관용의 마음으로 이웃을 이해하고 자신의 경솔함을 반성함으로써 조금씩 마음이 편해질 것이다.

갈등을 계속 끌고 간다면 그만큼 인생은 고단해질 뿐이다. 모든 갈등이 그러하다. 부부간의 갈등, 연인들의 갈등, 직장에서의 갈등, 학교에서의 갈등, 시댁과의 갈등, 친구들과의 갈등. 이런 모든 갈등을 오래 지닌 채 살지 마라. 그럴수록 그대의 생명에너지만 소진될 뿐이다. 갈등은 극심한 스트레스를 동반한다. 스트레스가 만병의 근원임은 누구나 알고 있는 상식이다. 병을 예방하기 위해서라도 갈등을 보다 적극적인 측면에서 해소해야 한다.

관용으로 갈등을 해소하라. 갈등의 피해자가 되어 날마다 울고 화내고 억울해하는 삶을 살지 마라. 갈등을 해소하는 주체가 되어 지금까지 갈등으로 함께 힘들어한 상대방에게도 마음의 평화를 선물해주자. 먼저 자신을 성찰하고 타인의 상황과 심정을 헤아려주어라. 그것이 갈등을 해소하는 관용이다.

"남편과 시댁식구들은 절 인간 이하 취급했어요." 흐느낌 그리고
정적.

"시누이 여섯은 제가 임신해서 입덧을 할 때조차 절 학대했죠." 흐
느낌 그리고 정적.

그녀는 검은 블라인드 뒤에서 시커먼 그림자로 존재하고 있었다.
패널들은 그녀에게 질문하는 것조차 조심스러워하고 저마다 눈시울을
붉혔다. 이혼한 지 5년이 다 되어가지만 아직도 그때의 악몽에 시달린
다는 사례자의 이야기는 듣는 이들의 공분을 샀다.

물론 한쪽 이야기만 듣고서 무엇을 판단한다는 건 위험한 일이다.
남편과 시댁의 이야기도 들어봐야 조금 더 공정한 판단을 할 수 있을

것이다. 하지만 몇 가지 사례만으로도 시댁과 남편은 이미 인간의 도를 넘어선 사람들로 보였다. 그러면 그들은 왜 그렇게 며느리를, 아내를 괴롭혔던 것일까.

우리는 이런 예를 많이 보면서 산다. 시댁과의 불화로 힘들어하는 며느리, 그 반대로 처가와의 불화로 괴로워하는 사위. 어떤 사위는 그 반대로 장모를 폭행하기도 한다. 이런 종류의 불협화음은 인생이라는 배를 위기로 내모는 가장 중요한 요인이다. 시댁과의 불화로 자살하거나 우울증에 걸리는 며느리가 한둘이 아니다. 물론 그 반대로 며느리와 사이가 좋지 않아 자살하거나 우울증에 걸리는 시어머니도 있다. 이런 불행한 일들이 발생한다는 건 인생이라는 배가 더 이상 안전하게 항해하지 못하고 있다는 신호다.

우리는 저마다 자신의 배를 출항시킨 선원들이다. 어떤 배는 작고 어떤 배는 크며, 어떤 배 안에는 먹을 것이 없고 어떤 배 안에는 재물이 넘친다. 어떤 배는 낡고 오래되었으며 어떤 배는 막 처녀항해를 시작했다. 어떤 배는 외관이 근사하지만 어떤 배는 보기만 해도 난파할까 봐 불안하다. 이런 수많은 종류의 배들이 바로 인간이다.

그대의 배는 지금 어떤 상태인가. 규모는 작지만 내실이 있는가. 아니면 규모는 비교적 큰데 실속이 없는가. 앞서 언급했던 며느리는 어떤 배를 지니고 있는지 보자.

그녀는 지금 매우 위태로운 항해를 하고 있는 중이다. 무려 20여

년 동안 그녀를 학대한 시댁식구들과 남편 때문에 괴로워하느라 자신의 삶을 온전히 꾸려나가지 못하고 있기 때문이다. 그녀는 학대받은 과거의 기억에서 자유롭지 못하기 때문에 이혼해서 비록 몸은 시댁식구들과 남편으로부터 멀리 떨어져 있지만 여전히 학대받고 있는 중이다. 그녀는 지금도 그들과 완벽하게 분리되지 못한 채 고통 속에서 발버둥치고 있는 것이다. 그건 순전히 그녀의 선택이 불러온 결과다. 그러므로 그녀가 인생이라는 배를 안전하게 운항하려면 관용해야 하는 것이다.

그녀는 이제 그만 악마 같았던 시댁식구들과 원수 같았던 남편을 용서해야 한다. 그것이 그녀의 배에 실린 커다란 짐 덩어리를 내려놓는 최선의 선택이다. 그리고 분한 감정 또한 삭일 줄 알아야 한다. 자신이 나약하거나 무능해서 그렇게 당하고 산 건 아니란 걸 인정하고 자신에게도 자비를 베풀어야 한다. 그럼으로써 20년간 맺힌 한을 풀어낼 수 있는 것이다. 한을 풀어내지 않는다면 그녀의 배는 곧 침몰할 위기에 처할 것이다. 실제로 어떤 이는 화병 때문에 심장마비로 급사하기도 했다.

그렇다면 시댁식구들과 남편은 어떨까. 그들은 자신의 죄를 뉘우칠 줄 아는 관용을 해야 한다. 그들의 배는 지금 한 치 앞을 알 수 없는 폭풍우 속에 고립되어 있으며 침몰하기 직전이다. 그들이 과거에 한 여자에게 저질렀던 만행이 자신들의 배에 조금씩 구멍을 냈기 때문이다. 그것을 우리는 '인과응보'라고도 한다.

어떤 형식으로든 잘못을 저지른 사람은 벌을 받게 되어 있다. 이것이 인생의 법칙이다. 그렇다면 그들은 어떻게 해야 제대로 된 삶을 살아갈 수 있을까. 위에서 말했듯 그들은 과오를 뉘우치고 용서를 구해야 한다. 관용의 마음으로 자신들에게 상처받은 그녀에게 사과해야 한다.

인생이라는 배는 언제 어디서 침몰할지 모르는 불완전한 배다. 언제 폭풍우가 몰아칠지 예측할 수가 없기 때문이다. 또한 침몰의 원인이 폭풍우와 같은 외적인 요인만 있는 것은 아니다. 그래서 더욱 조심스럽게 운항해야 하는 것이다. 침몰의 가장 큰 원인은 외적 요인이 아니라 내적 요인이다. 그것은 바로 타인과의 불화로 인한 자괴감, 자조 등이다.

신께서 주신 하나뿐인 이 배를 안전하게 운항하기 위해서 우리는 날마다 관용해야 한다. 날마다 나에게 잘못한 상대방을 용서하고 이해해주어야 하는 것이다. 날마다 스스로의 어리석음을 반성하고 자신에게 따스한 위로를 주어야 한다. 그렇게 할 때 비로소 인생이라는 배는 무사히 목적지에 도달할 수 있다.

긍정적인 시각을
갖기 위해서는

어느 날, 사이좋은 두 친구가 카페에서 여유롭게 담소를 나누고 있었다. 그런데 다른 날과 달리 카페가 유난히 시끄러웠다. 근처 학교에서 졸업식을 마친 학생들이 밀려든 까닭이다. 너무 시끄러워서 마주 앉은 친구의 말소리가 잘 들리지 않을 지경이 되자 한 친구가 투덜댔다.

"진짜 짜증나. 쟤들은 이런 데 와서까지 떠들어댄다. 아무리 졸업식 날이라고 하지만 이건 아니잖아. 정말 시끄러워 죽겠어!"

커피 잔을 짜증스럽게 탁자 위에 내려놓으면서 투덜대는 친구를 물끄러미 바라보던 친구가 말했다.

"너 기억 안 나니? 우리도 저 나이 때 저랬잖아. 난 귀엽기만 하다."

두 친구는 같은 시각으로 상황을 바라보고 있는가? 물론 아니다.

한 친구는 부정적인 시각으로 바라보고 있고, 한 친구는 긍정적인 시각으로 바라보고 있다. 그래서 어떻게 되었는가. 긍정적인 시각으로 상황을 바라본 친구는 향긋한 커피를 끝까지 맛있게 마셨지만 부정적인 시각으로 상황을 바라본 친구는 커피를 반도 마시지 못했다. 결과적으로 두 사람은 시각 때문에 커피 맛도 다르게 느끼게 된 것이다. 시각이 이렇듯 음식 맛까지도 결정한다. 그렇다면 이런 시각을 결정하는 건 무엇일까? 바로 관용이다.

관용이 있는 사람은 어떤 상황에서도 긍정적인 시각을 유지할 수 있다. 관건은 관용의 특징인 이해도에 달려 있다. 관용은 최대치의 이해도를 지니는 마음 씀이기 때문이다. 최대치의 이해도가 빚어내는 것은 긍정적인 시각이요, 긍정적인 판단이요, 긍정적인 생활이다. 즉 관용이야말로 긍정적으로 삶을 영위할 수 있게 해주는 초석인 셈이다.

관용적인 인간이 된다는 건 긍정적인 인간이 된다는 말과 같다. 얼마 전 우리나라 하늘에서 운석이 떨어지는 일이 발생했다. 어느 시골 농가 비닐하우스를 뚫고 우주에서 떨어진 돌덩어리는 그날 뉴스의 최고 주인공이었다. 운석의 가치가 수십억에서 수백억 이상이 될 수도 있다는 말이 떠돌면서, 세계 각지에서 운석 사냥꾼들이 몰려들었다.

그런데 그 운석이란 것을 가만히 생각해보면 인생살이에 펼쳐지는 각종 사건 사고와 닮아 있다. 언제 어디서 어떻게 떨어질지 모르는 운석과, 우리 인생에 언제 어디서 어떻게 벌어질지 모르는 사건들은 너무나 흡사하지 않은가.

이렇듯 불규칙적이고 예상 불가능하게 펼쳐지는 인생의 각종 사건들 앞에서 흔들리지 않고 중심을 잡고 살아가려면 긍정적인 사고를 지녀야 한다. 그렇지 않고 매 순간 벌어지는 사건 앞에서 부정적인 시각을 가지고 산다면 그 삶은 불행할 수밖에 없다. 어떤 상황이든 부정적인 시각은 결국 자기 주변 사람 모두를 불행하게 만들기 때문이다.

관용은 우리에게 선물을 준다. 그것이 바로 긍정적인 시각이다. 관용의 마음으로 지금까지 못마땅하게 여겼던 사람들을 새롭게 바라보면 그가 한 행동이 전혀 거슬리지 않는다. 그것은 깊은 이해도의 산물이다. 타인의 비상식적인 행위도 관용을 지닌 사람은 긍정적으로 이해함으로써 그를 관대하게 대하게 된다. 그리하면 그 사람은 관대함으로 인해서 자신의 잘못을 뉘우칠 계기를 마련하게 된다.

이런 부모가 있다고 하자. 사춘기 아들이 날마다 속을 썩이는 중이다. 아들은 학교도 잘 가지 않고 부모에게 거짓말을 밥 먹듯이 한다. 그런 아들을 부정적인 시각으로 바라보는 관용이 없는 부모는 아들에게 이렇게 윽박지를 것이다.

"너 이 자식, 이게 무슨 짓이냐? 어디서 부모를 속이고 학교 빠지고 놀러 다녀. 못된 놈!"

이렇게 말하면 사춘기 아들은 어떤 마음일까?

"잘못했습니다."이렇게 말해도 속마음은 이렇다.

'정말 엄마 아빠는 내 맘을 몰라. 내 마음을 알아주는 사람은 이 세상에 한 명도 없어. 죽고 싶다!'

반면 관대한 부모, 즉 긍정적인 시각을 지닌 관용적인 부모는 방황하는 아들을 다독일 것이다.

"요즘 네가 많이 힘든 것 같구나. 무슨 일 있니? 엄마 아빠는 널 많이 사랑한단다. 조금 힘들어도 학교는 나가야지. 그리고 거짓말하는 건 좋지 않은 습관이야. 말 못할 사정이 있구나. 그래, 지금 당장은 말할 수 없다면 기다려줄게. 언제든 네가 말하고 싶을 때 엄마 아빠에게 말하렴."

이런 긍정적인 시각을 지닌 부모가 된다면 방황하는 사춘기 아들은 결코 비뚤어지지 않을 것이다. 자신이 충분히 사랑받고 있다고 느낄 것이기 때문이다. 긍정은 인간과 현상을 사랑하는 마음으로 바라보는 것이다. 결국 **긍정적인 사람이 된다는 건 사랑이 가득한 사람, 관용적인 사람이 된다는 것과도 같다.**

누구나 긍정적으로 살고 싶어 하지만 그것이 잘 이루어지지 않는 까닭은 부정적인 시각을 쉽게 버리지 못하기 때문이다. 좋게 보고 아름답게 보는 사람이 되어라. 밉게 보고 추하게 보면 끝없이 미워지고 추해 보이는 것이 사람이다.

섬유유연제와
같은 것

겨울철이 되면 정전기가 말썽이다. 옷을 입다가 따끔거린 적이 있다면 그건 정전기 때문인 것이다. 그럴 때면 문득 외국의 어떤 사람들이 자연 발화로 목숨을 잃었다는 뉴스가 생각나서 무섭기도 하다. 이런 정전기를 예방할 목적으로 사람들은 섬유유연제를 쓴다. 세탁 후에 마지막 헹굼 단계에서 이걸 넣어주면 정전기가 일어나지 않는다. 그런데 섬유유연제는 또 다른 좋은 점이 있다. 어떤 이는 이 기능 때문에 섬유유연제를 쓰기도 한다. 바로 향기다. 그냥 세탁한 옷보다 섬유유연제로 마무리한 옷이 사뭇 향기가 좋다.

친구를 만났는데 그 친구에게서 향기가 나면 저절로 기분이 좋아진다. 그것이 사람이다. 또한 친구가 내 말에 까칠하게 대응하지 않고 부드럽게 이해해주면 즐거운 것이 사람이다. 친구 사이에도 정전기가 일어날 수 있다.

사람과의 관계에서 정전기는 사소한 말다툼이나 오해가 아닐까 싶다. 이런 인간관계의 정전기에 탁월한 효과를 발휘하는 인간관계 유연제가 있으니 그것이 바로 관용이다. **관용은 빨래에 넣는 섬유유연제처럼 인간관계에 몇 방울 떨어뜨려주면 효과가 확실한 생활태도다.** 또한 관용을 베푼 사람에게서도 기분 좋은 향기가 나게 해준다. 그것은 바로 인격적인 향기일 것이다. 관용이 있는 사람은 다른 사람과 트러블이 거의 없고 인격적 향기가 나게 된다.

마트 앞에서 부부가 말다툼하는 걸 우연히 목격했다.

"이게 뭐냐고! 사람을 이렇게 오래 기다리게 해놓고. 도대체 무슨 구경거리가 그렇게 많다고 한 시간이나 마트 안에서 헤매다 오는 거야?"

남편의 얼굴은 금방이라도 폭발할 활화산 같았다. 그는 땀으로 흥건한 얼굴을 두툼하게 살찐 오른손으로 연신 훔쳐댔다. 그는 아마 오래 쇼핑한 아내를 기다렸나 보다.

"무슨 남자가 속이 이렇게 좁아요? 그러기에 같이 들어가자고 했잖아요. 여기 좀 봐요, 다 필요한 물건들만 샀으니까. 창피하게 언제까지 여기서 이러고 있을 거예요? 사람들이 쳐다보잖아요."

아내는 자신들을 향해 쏟아지는 사람들의 시선이 신경 쓰인 모양이었다. 그렇지만 물건들이 담긴 상자를 들지는 않았다. 그건 남편이

들어줘야 한다고 생각했기 때문일 것이다.

"이따위 것들 사느라고 사람을 이렇게 기다리게 해? 미안하단 말도 없고."

남편은 상자를 발로 걷어차면서 화를 내다가 주차장 쪽으로 가버렸다. 남겨진 아내 또한 씩씩거리면서 남편에게 욕을 해댔다. 주위 사람들은 더 이상 그들에게 눈길을 주지 않았다.

하지만 나는 그녀를 조금 더 바라보았다. 그녀의 내면에 맴도는 저 위험한 정전기, 주차장으로 간 남편의 몸에 밴 저 정전기가 사라지려면 관용이 필요하다는 것을 말해주고 싶었다. 그러나 그건 지나친 참견이 될 수도 있다. 두 사람은 잘 살고 있을까? 관용이 없는 부부관계는 늘 정전기가 끊이지 않고 일어날 것이다. 이것은 필연적인 일이다.

섬유유연제의 향기가 천연향이 아니란 것을 아는 사람은 몇이나 될까. 우리는 그것이 금방 짜낸 장미의 즙에서 추출한 향기가 아니라는 것은 미루어 짐작한다. 그렇지만 그래도 그 향기라도 좋아서 굳이 비싼 돈 주고 사서 번거로움을 감수하고 빨래할 때 사용한다. 그만큼 향기는 사람의 기분을 편안하고 즐겁게 만드는 긍정적인 면이 있는 것이다.

관용을 하는 것도 처음부터 100퍼센트 진심에서 우러나오기가 어렵다면 억지로라도 하는 연습을 해야 한다. 마트에서 싸운 부부의 경우도 그렇다. 남편은 아내가 마트에 가는 걸 좋아한다는 걸 애초에 알고 있었을 것이다. 그렇지만 그런 걸 싫어하는 남편은 아내를 따라서 매장을 두리번거리는 걸 꺼렸던 것이다. 만일 남편이 관용을 기르고 싶다면 억지로라도 한 번쯤 아내를 따라 매장 안에 들어가는 연습을 해야 한다.

"여보, 남자들은 특성상 물건을 고를 때 말이야 자신이 꼭 필요한 것만 고르는 습성이 있대. 그래서 그런가, 나도 그런 것 같아. 마트나 백화점, 옷가게에 가도 내게 필요한 물건만 사서 얼른 나오거든. 그래도 당신이 마트에 가서 물건 구경하고 그러는 걸 좋아하니까 오늘은 같이 갈게. 그런데 내가 못 참고 중간에 나올지도 모르겠어. 이해해줄래?"

이렇게 아내에게 솔직한 마음을 이야기하고 아내의 취미생활인 마트 구경하기에 동참했다면 어떨까. 그럼 아내는 남편의 이런 변화에 정말 감사할 것이다.

사랑받는 남편은 관용의 마음이 있는 남편이다. 물론 사랑받는 아내도 관용의 마음이 있는 아내다. 부부관계든 다른 인간관계든 관용의 마음이 있다면 사소한 문제들로 골치를 썩지 않을 것이다. 그것이 바로 인간관계에 향기를 불어넣어주고 정전기를 없애는 관용의 역할이기 때문이다.

인간에 대한
확신

한 아이가 있었다. 그 아이는 물건을 훔치는 나쁜 습관을 가진 아이였다. 아이는 학교 앞에 있는 구멍가게에서 과자를 한 개씩 훔치곤 했다. 구멍가게 주인인 할머니는 언젠가부터 아이가 물건을 훔친다는 사실을 눈치챘다. 그러나 할머니는 아이가 졸업을 할 때까지도 과자를 훔쳐가는 걸 모른 척 눈감아줬다. 아이는 할머니가 모른다고 생각하고서 심심하면 한 번씩 과자를 훔쳤다.

아이의 집은 찢어질 듯 가난했다. 부모는 모두 세상을 떠났고 조부모와 함께 살았는데 집안 살림이 매우 궁핍했다. 구멍가게 할머니는 그 사실을 잘 알고 있었고, 그래서 아이가 과자를 사먹을 용돈이 없다는 것도 알았던 것이다. 아이는 다행히 초등학교를 졸업한 후에는 더 이상 물건을 훔치지 않았다. 만약 그때 구멍가게 할머니가 노발대발 화를 내면서 아이가 과자를 훔친다고 온 동네에 소문을 냈다면 어떻게 되었을까.

물론 할머니가 한 일이 전적으로 옳다고 말할 수는 없다. 하지만 관용의 관점에서 본다면 그것은 너무나 당연한 일이다. 바늘 도둑이 소도둑 된다는 말이 있지만 때론 바늘 도둑이 그냥 바늘 도둑에 그칠 수도 있는 법이다. 괜스레 바늘 도둑을 몰아붙이고 무안을 주면 더 큰 소도둑이 될 수 있는 것이 인간이다. 구멍가게 할머니는 물건을 훔치는 좀도둑 아이의 사정을 헤아렸던 것이다. 그리고 아이에 대한 확신을 가졌다.

"저 아이는 너무 배가 고픈 거야. 착한 아이니까 내가 눈감아주면 물건을 훔치는 일이 나쁘다는 걸 깨닫고 그만둘 거야."

이런 믿음이 있었기 때문에 아이의 잘못을 눈감아줄 수 있었다. 여기에서 우리는 한 가지 사실을 직시해야 한다. **할머니는 아이를 믿었다. 그냥 믿은 게 아니라 확실하게 믿어주었다. 그것이 인간에 대한 확신이고 관용의 참모습이다.** 아이는 착하다, 그리고 스스로 잘못을 깨우치게 될 것이다, 이런 확신이 더 큰 문제로 번질 수도 있는 일을 조용히 마무리하게 된 것이다. 아이에게 죄책감을 주지 않으면서도 스스로 잘못을 깨달을 수 있도록 기회를 준 할머니는 정말 현명한 분이 아닌가.

나는 할머니나 할아버지들을 보면 가슴속에서 존경심이 우러나온다. 그분들은 얼마나 깊은 지혜를 가진 분들인가. 배움이 많은 어르신이나 못 배운 어르신이나 우리들에게는 모두 배울 점들이 많은 인생의 선배들이다.

　구멍가게 할머니의 지혜를 배우자. 할머니가 '이것이 관용이구나.' 하면서 아이의 행동을 눈감아주신 건 아닐 터이다. 관용이 무엇인지도 모르는 어르신들도 많다. 하지만 인생의 연륜에서 우러나온 지혜가 곧 관용으로 나타났다. 관용은 인간을 확실하게 믿는 것임을 기억하자.

　여러분은 어떤 순간에 분노하는가. 누군가 내 의견에 반대할 때? 누군가 나를 무시할 때? 누군가 나에게 위해를 가할 때? 아니면 사회가 부조리할 때? 이 모든 순간에는 인간이 있다. 나 외에 인간이 없다면 누구에게 분노하겠는가. 그렇다면 인간에 대한 태도가 얼마나 중요한 것인지 역지사지할 수 있지 않은가.

　그대의 의견에 반대하는 사람에게 분노하기보다는 그를 확신하는 길을 택하라. 그는 **나름대로의 가치관에 따라 자신의 생각을 드러내고 있다는 것을 인정하는 것이 확신이다. 그리고 그것이 관용이다.** 그대의 의견을 무시하는 사람에게 분노하지 말고 그 사람을 확신하라. 그는 나름의 삶의 주관대로 행동하고 있는 중이다. 그에 대한 확신을 가지고 그를 이해한다면 화는 누그러지게 되어 있다.

누군가 그대에게 위해를 가할 때 두려워하거나 숨지 말고 그 사람에 대한 확신을 가지고 행동하라. 그는 자신이 처한 환경에서 자신의 생각대로 움직이고 있는 것이다. 그에 대한 확신을 가지고 그가 분명히 긍정적으로 변화될 것을 믿으면서 대응하라.

강도를 만난 사람이 강도를 잘 설득해서 서로 아무 일 없이 마무리지었다는 뉴스를 종종 듣는다. 그렇게 침착하게 그대를 해치려는 사람조차도 확신을 가지고 대한다면 상대방은 그대의 관용으로 인해서 보다 나은 인간으로 거듭나게 될 것이다.

아무도 믿어주는 사람이 없는데 단 한 사람이 믿어준다면 얼마나 행복한 일인가. 분명히 나쁜 짓을 하고 있는데도 자신을 믿어주고 기다려주는 사람이 있다고 생각해보라. 그에게 어떤 감정이 생기는가. 사람은 자신이 착하든 악하든 일단 믿어주길 바란다. 그것은 인간의 연약한 자아에서 우러나온 의존심의 한 부분이기도 하다. 인간은 누군가에게 기대고 싶은 존재라는 뜻이다.

그러므로 우리는 아무리 사악한 인간일지라도 확신해주어야 한다. 누구든 확신해주는 아량을 베풀어야 한다. 그렇게 한다면 비록 한때나마 나쁜 짓을 저지르던 사람들도 스스로 잘못을 뉘우치게 되어 있다. 인간은 자신을 확신하는 사람에게는 더 이상 나쁜 짓을 저지를 수 없는 존재다. **관용은 인간에 대한 확신으로 비로소 환하게 피어나는 꽃이다.**

상대방이
수치스럽지 않게 하는 것

　수치심만큼 인간의 자존심에 금이 가게 만드는 것도 없다. 그 순간은 정말 쥐구멍에라도 들어가고 싶은 순간이며 인생 최악의 시간이 될 것이기 때문이다.

　어느 모임에서 벌어진 일이다. 뚱뚱한 것이 콤플렉스인 여자가 있는데, 한 남자가 그 사람 들으라는 듯이 큰 소리로 이렇게 말했다.

　"자고로 여자란 날씬해야 해. 뚱뚱한 여자를 보면 여자 같지가 않아. 아무 감정도 안 느껴진다니까."

　그래서 어쩌란 말인가. 뚱뚱한 것이 콤플렉스여서 오늘 아침도 굶은 여자는 그 말을 들으면서 심한 모멸감과 수치심을 느꼈다. 그녀는 당장 그곳을 벗어나고 싶었지만 모임이 끝날 때까지 수치심을 유발한 그 인간과 같이 있어야 했다. 그 남자는 뚱뚱한 여자가 모임에 있다는 걸 알면서 그 말을 했을 것이다. 그렇다면 그는 정말 나쁜 사람이다.

자신이 한 말 때문에 누군가 상처받을 걸 알면서도 그 말을 하는 사람은 관용이 없는 사람이다. **관용을 지닌 사람은 자신이 한 말이나 행동으로 상대방이 수치심을 느끼는 것을 용납하지 않는다.** 그가 만일 이 모임에 참석했더라면 아까 그 남자의 말에 상처 입은 여자를 위해 이렇게 말을 했을 것이다.

"난 사람을 몸매로 평가하진 않아. 뚱뚱하고 싶어서 그런 사람이 어디 있겠어. 난 오히려 뚱뚱한 여자를 보면 포근하고 좋던데. 비쩍 마른 여자보다 그런 여자를 좋아하는 남자도 꽤 있지. 그러니 뚱뚱한 여성분들 힘내시라고요."

이 말을 들은 뚱뚱한 여자는 수치심이 아니라 즐거운 기분을 느꼈을 것이다. 한 사람은 뚱뚱한 여자를 비하하는 말로 수치심을 불러일으켰고, 한 사람은 뚱뚱한 사람을 이해하는 말로 미소를 짓게 만들었다. 어떤 사람이 더 사랑받고 사회생활을 잘할 것 같은가.

상대방이 수치스럽다고 느끼면 그 관계는 이미 금이 간 것이나 마찬가지다. 자신을 수치스럽게 만든 사람은 평생 기억에서 지워지지 않는다. 그만큼 충격이 크다는 말이다. 만인 앞에 발가벗겨진 채 서 있는 기분이 바로 수치심이라는 것이다. 그런 기분을 선물한 장본인을 어떻게 쉽게 잊겠는가. 그러므로 우리는 상대방에게 수치심을 느끼지 않도록 해야 한다. 그 방법은 간단하다. 관용하면 된다.

그대의 차 앞에서 굼벵이처럼 기어가는 여성 운전자가 있다면 관용의 마음을 가동할 시간이다. 그녀에게 모욕적인 언사를 퍼붓기 전에 그녀가 열심히 사는 이 시대의 여성이라는 관점에서 보는 것이다.

'저 여자는 이른 아침부터 부지런히 일을 나가는 중이야. 아직 초보운전이라 서툴지만 그래도 열심히 사는 모습이 보기 좋군. 조금 늦게 가더라도 너그럽게 봐주어야겠다.'

이런 관용의 마음을 지니면 짜증이 나지 않을 것이다. 만일 이런 관용이 없이 그녀에게 수치심을 유발하는 막말을 해대면 결과는 오히려 좋지 않게 된다. 먼저 그대의 혈압이 오를 것이고, 그런 말을 들은 여성 운전자가 오기로 더 느리게 운전을 하거나 더 험한 말로 맞대응을 할지도 모르기 때문이다.

남자라고 해서 여성을 무시하는 것도 옳지 않고, 여자라고 해서 남자를 혐오하는 것도 옳지 않다. 성별에 관계없이 서로를 존중하는 것이 관용이다. 그러니 **상식처럼 통용되는 말을 할 때조차도 그 말이 상대방에게 수치심을 느끼게 하는 것은 아닌지 고려하고 말해야 한다.** 이것이 올바른 관용의 자세다.

사랑의 표현

이 세상 만물이 존재할 수 있는 기반은 무엇인지 한 번이라도 곰곰이 생각해본 적이 있는가. 지금 이 글을 쓰는 계절은 4월이다. 온갖 봄꽃들이 만발한 이 계절, 사람들은 꽃구경을 다니기에 바쁘다. 어느 대학에서는 왕벚꽃나무며 온갖 꽃들이 핀 캠퍼스를 일반인에게 공개하기로 했다는 소식도 들린다.

그렇다면 봄의 정령처럼 피어나는 꽃들은 어떤 것을 기반으로 피어나게 되었는가. 그것은 하늘의 사랑, 땅의 사랑, 공기의 사랑이다. 하늘이 비가 내려주지 않는다면 꽃나무는 말라 죽었을 것이고, 땅이 뿌리를 키워주지 않았다면 꽃나무는 몸을 지탱하지 못했을 것이고, 공기가 없다면 나무는 꽃을 피울 기회조차 없었을 것이다.

봄꽃을 보면서 즐거워하는 인간도 마찬가지다. 하늘의 사랑, 땅의 사랑, 공기의 사랑, 자연의 사랑, 세상 만물의 사랑이 있기에 존재할 수 있다. 우리는 그렇게 존재하고 있는 중이다. 하나에서 열까지 사랑으로 잉태되었고 태어났으며 살아가고 있는 것이다.

그렇다면 우리는 사랑이 얼마나 위대한지 이미 알고 있는 것이나 마찬가지다. 사람들은 저마다 자신만의 사랑을 발산하면서 산다. 엄마는 아기를 사랑의 손길로 돌본다. 아빠는 가족에 대한 사랑으로 지치고 힘든 몸을 이끌고 일터로 향한다. 자녀는 사랑이 있기 때문에 부모님 말씀을 듣는다. 교사는 사랑의 마음으로 학생들을 가르치고 학생은 스승에 대한 사랑이 있기에 교실에서 수업을 듣는다. 요즘 아무리 교권이 땅에 떨어졌다고 우는 소리를 해도 여전히 다수의 학생이 교사를 존경하고 사랑한다.

관용은 이런 모든 사랑의 표현이 어우러진 것이다. 무엇이든 표현해야 그것의 속마음과 가치를 알 수 있다.

엄청난 아이디어를 지닌 사람이 있다고 하자. 그런데 그 사람은 자신의 머릿속에만 아이디어들을 간직하고 산다. 그렇다면 그에게 아이디어가 있는지 없는지 누가 알 것인가. 제 아무리 세상을 바꿀 대단한 아이디어라도 표현을 해야 아이디어로서의 생명을 부여받을 수 있다. 사랑도 마찬가지다. 표현을 해야 한다. 적극적이고도 긍정적인 방법으로 사랑을 표현하는 사람만이 관용을 할 줄 아는 사람이다.

"자기야, 자기는 날 사랑해?"

여자가 묻는다. 그녀는 그와 8년째 연애 중이다. 남들은 그렇게 오랫동안 연애했으니 얼마나 서로를 사랑할까 부러워하기도 한다. 하지만 그녀는 단 한 번도 그 남자로부터 사랑한다는 고백을 받아보지 못했다. 그래서 그녀는 미치도록 궁금하다. 과연 이 남자가 날 사랑하긴 하는 걸까.

"그런 걸 왜 물어. 남자가 촌스럽게 그걸 말로 꼭 해야 하나."

남자는 무뚝뚝하게 그렇게 대답하고 만다. 이런 남자와 연애하는 여자는 얼마나 안타까운가. 남자는 자신이 연인에게 얼마나 무심한지 깨닫지 못하고 있다.

사랑은 표현을 해야 알 수 있는 것이다. 그래야 상대방이 사랑받고 있다는 걸 느낄 수 있다. 그러므로 지금부터라도 여러분은 사랑을 표현하는 일에 보다 적극적일 필요가 있다. 관용은 적극적이고도 긍정적인 사랑 표현이라는 것을 잊지 말자. 굳이 말로, 행동으로 표현해야 아나? 이런 안일한 생각을 버려라. 직접 표현하지 않은 사랑은 사랑이 아니다.

사랑을 잘 표현하면 관계가 질적으로나 양적으로 풍성해질 것이다. **사랑은 얼어붙은 심장을 뜨겁게 데워줄 세상에서 가장 따뜻한 배려이기 때문이다. 그리고 이런 사랑의 표현이 비로소 관용이 된다.** 이 지구상에 존재하는 모든 것들은 사랑의 부산물이다. 사랑이 아니었다면 봄꽃도, 그 봄꽃을 보면서 즐거워하는 인간도 절대 존재하지 않았을 것이다.

신은 우리에게 이미 오래전 사랑을 표현해주었다. 그것은 우주의 모든 것들이 스스로 입증하고 있다. 그렇다면 우리 인간은 어떤 사랑을 표현하면서 살아가야 할까. 그것은 그다지 어렵지 않은 일이다. 서로에게 힘이 되고 위로가 되는 다정한 말 한마디가 그 출발점이다.

2

먼저
이해하기

모든 인간은
이해받기를 원하지

다섯 살짜리 꼬마가 있다. 아이는 돈에 대한 구체적이고도 확실한 개념이 정립되지 않은 상태이다. 그런데 엄마가 마트에 가서 500원짜리 과자를 사오라고 아이에게 만 원을 주었다면 어떻게 되겠는가. 꼬마는 돈이 무엇인지, 도대체 어디에 쓰는 물건인지, 어떻게 계산해야 하는지 아무것도 모르기 때문에 심부름을 잘할 리가 없다.

관용도 마찬가지다. 관용의 대상이 어떤 존재인지, 그 존재를 어떻게 대해야 하는지 공부하지 않은 채, 막연히 관용을 베풀면서 살아야 겠다는 것은 말이 안 되는 희망사항이다.

지금부터 우리들은 관용의 대상을 이해하는 법을 공부할 계획이다. 나는 슈퍼컴퓨터도 아니고 신도 아니므로 모든 걸 다 알지는 못한다. 하지만 무언가를 골똘히 생각하길 좋아하고 진리를 열렬히 추구한다. 그로 인해 깨달은 것들을 여러분들에게 나눠드리기 위해 글을 쓰는 사람이다. 관용의 대상을 이해한다는 건 아주 절박한 현실적 문제다. 이해가 선행되지 않을 때 인간관계는 헝클어지기 쉽기 때문이다.

모든 인간은 이해받기를 원한다. 그렇지 않은가? 그대는 어떤가. 자신을 이해해주지 못하는 사람과 대화해본 적이 있다면 이 말에 공감하지 않을 수 없을 것이다. **이해받지 못한다는 건 면전에서 뺨을 한 대 얻어맞는 것보다 더 답답하고 슬픈 일이다. 그건 개인의 정당성에 대한 거부이기 때문이다.** 쉽게 풀이하면, 자신이 존재하는 타당성을 부정당한 것이나 마찬가지다.

이해의 부재는 매우 서글픈 삶의 일면이다. 그렇지만 지금 이 순간에도 많은 이들이 서로를 이해하지 못하고 관용하지 못하고 산다. 그래서 서로를 불신하고 서로에 대한 좋지 않은 감정을 쌓아가고 있는 것이다. 이것은 소모적이고 불합리한 삶의 방식이다. 지금부터 함께 관용의 대상들에 대한 구체적이고도 확실한 이해를 배워보도록 할 것이다.

이 일은 여러분과 내가 함께 해야 하는 일이다. 책으로 읽고 끝내는 것이 아니라 실생활에서 그것을 실천하는 길이 진정한 관용이기 때문이다. 그렇다면 먼저 각 개인별 상황에 따른 구체적이고 확실한 관용의 개념을 적립해보자. 타인을 이해하기 시작하는 건 자기 자신의 이해를 위한 발판임을 명심하길 바란다.

화를 잘 내는
사람에 대해

걸핏하면 별일도 아닌 일로 유독 화를 잘 내는 사람이 있다. 그대가 그럴 수도 있고 친구나 가족, 주변 사람이 그럴 수도 있다. 일단 여기서 우리는 화를 잘 내는 사람을 이해하는 법을 배워볼 작정이다. 그런 사람이 너무 많기 때문에 첫 번째로 이해할 대상으로 정해봤다.

왜 그들은 그렇게 불같이 화를 내는 걸까. 별것 아닌 일에도 파르르 성질을 부리는 사람들을 보노라면 어떤 생각이 드는가. 화내고 있는 사람에게서 뿜어져 나오는 침에는 독이 있다고 한다. 그만큼 분노가 인간에게 해롭다는 증거일 것이다.

화 잘 내는 사람을 이해하려면 무엇보다 먼저 화가 무엇인지 정확히 짚고 넘어가야 한다. 화라는 것은 내적인 불만이 폭발한 상황이라고 할 수 있다. 예를 들어, 아내가 남편에게 이렇게 화를 낸다고 하자.

"당신은 왜 그렇게 밤마다 술을 먹고 늦게 들어오는 건가요? 이렇게 살려고 나랑 결혼했어요? 더 이상 당신이란 남자랑 못 살겠어요!"

이렇게 남편에게 화를 내는 아내는 어떤 내적인 불만이 있는지 살펴보자. 그녀는 남편이 다정하지 못한 것이 불만이다. 가족을 생각하는 마음, 가족에 대한 애틋함이 없는 것이 불만이고 자신에 대한 애정이 없는 것이 불만이다. 그러므로 남편이 술을 먹고 늦게 들어온다는 자체도 화가 나지만, 화가 나는 가장 근본적인 요인은 남편이 애정을 보여주지 않았다는 데 있는 것이다. 그러면 남편은 아내가 화를 낼 때 어떻게 말해야 할까.

"아니, 이 여자가 힘들게 일하고 들어온 남편한테 어디서 성질이야!"

이러면서 맞받아치는 남편은 관용이 없는 답답한 남편이다. 관용할 줄 아는 남편은 아내를 이해할 것이다. 즉 그녀가 왜 분노하는지 이해하는 것이다. 자신이 그녀에게 사랑을 주지 않았다는 것을 반성하고 그 때문에 상처받은 아내를 달래줄 말을 할 것이다.

"미안해, 여보. 내가 그동안 너무 무심했어. 앞으로는 조금 더 일찍 들어오고 술도 줄일게. 그리고 그동안 이 말을 내가 못했지? 사랑해."

이렇게 말하는 남편에게 계속 화를 낼 아내가 있을까?

화를 내는 사람은 다 이유가 있어서 화를 내는 중이다. 겉보기에는 아무런 이유 없이 화를 내고 있다고 생각할 수도 있다. 실제로 그렇게 보이는 사람들이 있긴 하다. 그런데 그 내면을 들여다보면 화날 만한 이유가 있다. 반드시 그렇다.

그런데 그 화날 만한 이유가 당장 그 시간대에 벌어진 일 때문이 아닐 수도 있다는 것이 문제다. 화를 내는 당시에 일어난 일 때문에 그런 것이라면 상대방은 그 일을 인지하고 사과하기가 훨씬 쉬울 것이다. 하지만 그 당시가 아니라 몇 시간 전, 아니 몇 달 전, 심지어 몇 년 전 사건으로 화를 내는 경우가 있다. 이럴 경우는 난감하지 않을 수 없다.

만일 상대방이 어떤 이유로 화를 내는지 도무지 감을 잡을 수 없다면 어떻게 해야 할까. 도대체 저 인간은 왜 저렇게 화를 내는 거야? 이런 생각이 들기 시작하면 화를 내는 상대방과 말도 섞기 싫어지는 법이다. **화낼 만한 이유가 전혀 없어 보이더라도 일단은 그가 화를 내는 상황 자체를 부정하지는 말라. 그것이 화를 잘 내는 사람을 관용하는 법이다. 그에게 화날 만한 사연이 있기 때문일 거라고 생각하라.** 그대가 화를 잘 내는 친구를 이런 식으로 이해하고 받아들이면 늘 화를 내는 것이 일상이던 친구가 변하는 것은 시간문제다. 물론 가족이라도 마찬가지다.

동생이 매일 화를 잘 내는 집이 있었다. 언니는 그런 동생의 화를 처음에는 이해할 수가 없어서 이렇게 말하곤 했다.

"너 미쳤니? 왜 이렇게 화를 내는 거야? 별일도 아닌데."

그러면 그럴수록 동생은 더 짜증내고 화를 내곤 했다. 그런데 어느 날부터 언니가 대상에 대한 이해를 하게 되었다. 관용을 하게 된 것이다. 언니는 동생이 화낼 만한 이유를 생각해봤다. 아마도 동생은 자신보다 더 사랑받는 언니에게 불만이 있었을 것이다. 그도 그럴 것이 부모님은 공부도 잘하고 얼굴도 예쁜 언니를 동생보다 훨씬 더 챙겨주셨던 것이다.

이런 점을 생각해보니 언니는 동생의 화를 진심으로 이해하게 되었다. 그래서 동생이 예전처럼 화를 내도 같이 화를 내거나 동생을 비난하지 않았다. 대신 이렇게 말했다.

"오늘 너 기분이 많이 안 좋구나. 화를 내면 건강에 안 좋아. 우리 맛있는 거 먹을래? 언니가 사줄게. 치킨 어때?"

그러면 동생은 예전과 달라진 언니의 태도에 머쓱해하면서도 이렇게 말했다.

"마침 치맥이 먹고 싶었는데. 그래 콜!"

그렇게 해서 동생은 언니에게 화를 내는 횟수가 점점 줄어들게 되었다.

이런 일이 이 자매에게만 일어나란 법은 없다. 바로 여러분에게도 일어날 수 있는 일이다. 여러분의 가족이나 친구, 동료들과의 관계에서도 이런 온건하고도 바람직한 변화가 찾아올 수 있는 것이다. 화를 잘 내는 사람은 채찍으로 다스려야 하는 맹수가 아니다. 그의 목을 밧줄로 묶어 우리에 가두어서 해결될 일이 아니라는 뜻이다.

　그는 지금 혼돈에 빠진 사람이다. 그리고 이유가 있어서 그러는 것이다. 그의 불행한 과거와 현재를 이해하고 그가 화를 내는 것을 안타깝게 여겨라. 또한 감정의 혼돈 속에서 어찌 할 바를 몰라서 그렇게 화를 내고 있는 상대방의 마음을 어루만져줄 따스한 말을 건네라.

게으른
사람을 보거든

선천적으로 게으른 사람이 있다. 어릴 적부터 늙어 죽을 때까지 게으른 사람이 있다. 그런 사람은 손가락 하나 까딱하기도 싫어한다. 그리고 자신이 할 일을 다른 사람에게 시키길 좋아한다. 우리는 그런 사람을 일컬어서 게으른 사람이라고 말한다.

그런데 이 게으름이란 것이 특정한 이들에게만 있는 습성이 아니란 것을 아는가. 인간은 누구나 조금씩 게으른 면을 가지고 있다. 다만 자신의 의지로 게으름을 타파하고 부지런히 살고 있는 중이다.

그렇다면 이런 이론이 자연스럽게 성립된다. 게으른 사람은 의지가 박약한 사람. 맞다, 게으른 사람은 자신이 해야 할 일을 알면서도 하지 않는 사람이다. 게으른 학생은 공부를 해야 한다는 걸 알지만 하지 않는 사람이고, 게으른 직장인은 회사 생활을 열심히 해야 한다는 걸 알면서도 충실히 일하지 않는 사람이다.

의지박약은 여러 경우에 문제가 될 수 있다. 일단 여기에서는 게으른 사람의 경우에 한해서 생각해보자. 게으른 사람들에게 부지런한 사람들은 이런 잔소리를 하기 쉽다.

"그렇게 게을러서 어떻게 사냐? 제발 정신 좀 차려라."

부지런하고 성실한 사람들 입장에서는 게으른 사람을 볼 때 이런 말이 나오는 건 당연한 일이다. 그들은 한순간이라도 허투루 보내지 않는 사람들이기 때문이다. 그래서 게으른 사람을 보면 부아가 치밀기도 한다. 답답해 보이기 때문이다. 저따위로 살아서 어쩌나 싶어서 그런 버릇을 고치라고 잔소리를 한다.

그렇지만 다그치고 비난한다고 해서 게으른 사람이 하루아침에 근면한 사람으로 변하지는 않는다. 그것은 슬픈 진실이다. 게으른 사람에게 "너, 게으르다."거나 "너, 앞날이 캄캄하다." 따위의 비평과 저주 섞인 예언은 전혀 약효가 없는 말들이다. 그럼 어떡해야 게으른 사람을 이해할 수 있을까. 그리고 그들의 삶이 조금이라도 활력 있고 근면하게 변할 수 있도록 도움을 줄 수 있을까. 그것을 가능하게 하는 것은 오직 관용뿐이다.

게으른 사람을 관용으로 이해할 때 비로소 그는 게으름으로부터 벗어날 수 있게 된다. 어떻게 게으른 사람을 이해하란 말인가? 이런 의문을 제기하는 사람이 있을 것이다. 일단 그는 의지박약한 사람이라는 것을 염두에 두라. 그것이 첫 번째 관용이다.

무엇에 대한 의지가 박약한가. 그는 삶에 대한 의지가 부족한 사람이다. 즉 삶에 대한 열정과 희망이 결여된 사람이라는 뜻이다. 그럼 그가 다시 부지런히 삶을 영위하기 위해서는 무엇이 필요할지 알 수 있을 것이다. **게으른 이에게 필요한 것은 삶에 대한 두근거림, 즉 열정과 기대가 있는 희망인 것이다.**

우리는 게으름에 빠진, 아니 게으름이라는 정신적 태만함에 길들여진 친구나 가족들을 비난하는 행동을 하지 말도록 조심해야 한다. 대신 그들의 정신과 육체가 다시 활력을 되찾을 수 있도록 도움을 주는 관용을 베풀어야 한다.

그대가 아는 친구 중에 서른이 넘도록 일자리를 구하지 않고 놀고먹는 친구가 있다고 하자. 그를 두고 주변 사람들은 '게으른 사람'이라고 말한다. 그렇지만 그대만은 그런 말을 삼가길 바란다. 그 대신 친구에게 삶의 열정과 희망을 되찾을 수 있는 기회를 만들어주어라.

예를 들어보자. 게으른 친구를 둔 사람이 그 친구를 데리고 자동차 박람회장에 갔다. 게으른 친구가 학창 시절부터 자동차에 관심이 많다는 걸 알고 있는 친구의 배려였다. 친구는 자동차 박람회장에 가자 마치 소풍 나온 어린애처럼 즐거워했다. 그리고 자신이 그동안 잃어버렸던 꿈에 대해 생각하게 되었다.

매일 낮 12시가 다 되어서야 겨우 눈곱을 떼고 일어나 하루 종일 게임이나 하면서 빈둥거리던 친구가 변하기 시작한 건 그날 이후부터였다. 그 친구는 그날 이후로 자동차에 대해 공부하기 시작해서 자동차 디자인을 전공하고 회사에도 다니게 되었다. 그것은 가족들의 입장에서는 기적과도 같은 일이었다. 너무 게을러서 포기하다시피 한 아들이 변했기 때문이다.

　이런 변화를 가능하게 한 것은 관용의 마음을 지닌 친구의 배려 때문이다. 한마디로 관용이 한 인간의 삶의 열정과 희망의 불씨를 다시 살려낸 것이다. 누구라도 게으른 사람보다는 부지런한 사람을 좋아한다. 그건 일종의 무의식에서 작용하는 시스템이다.

　그런데 게으른 사람들은 의지박약하고 아직은 보호받고 용기를 얻어야 할 사람들이다. 그 점을 이해해야 한다. 게으른 인간이라고 손가락질하기 전에 그의 심장이 뛰게 할 만한 것이 무엇인지 생각해보고 도움을 준다면 게으른 사람도 충분히 부지런한 삶을 살 수 있다.

"제 의견만 옳습니다. 당신들의 의견은 다 엉터리고 틀렸어요."

이런 식으로 회의 중에 대놓고 노골적으로 말하는 사람은 없지만 이런 마음을 가지고 자신의 의견만 내세우는 사람들이 있다. 일방적으로 자신의 의견만 옳다고 우기고 다른 사람들의 의견에는 귀를 기울이지 않는 그들 때문에 여러분은 속상한 적이 한두 번이 아니었을 줄 안다. 회의나 토론 자리가 아니더라도 일상적인 교제의 시간에도 이런 일은 일어난다.

어떤 사람이 오랫동안 공들여 만든 도자기를 모아 전시회를 열었다. 친구들이 그런 그를 축하해주기 위해 전시회를 찾아왔다. 전시된 작품을 보고 친구들은 입을 모아 칭찬하기에 바빴다. 그런데 한 친구는 고집스럽게 작품을 폄하하는 것이었다.

"이게 뭐야. 이런 것도 작품이라고 만들어서 전시하는 거냐. 내가 만들어도 이 정도는 만들겠다. 내가 보기에 쟤는 도자기를 만들 줄 몰라. 혼이 안 실렸단 말이야."

그 말을 들은 친구의 얼굴이 빨개졌다. 잠도 설쳐가면서 정말 공들여 만든 작품들인 까닭이다. 하지만 그는 그 친구의 의견에 대해 반박하지 않았다. 충분히 그럴 수도 있다는 생각이 들었다. 도자기를 만들면 어떤 것은 금이 가고 어떤 것은 색이 좋지 않아서 깨버리곤 한다. 똑같은 재료와 정성을 쏟아도 제각각인 것이다. 하물며 사람의 생각, 즉 관점도 다를 수밖에 없다고 생각했다.

그것이 옳은 일이든 올바르지 않은 일이든 자기 의견만 내세우는 일방적 행보는 눈살을 찌푸리게 한다. 왜 그럴까? 인간은 사회적인 동물이다. 자기 의견만 전적으로 옳다고 생각하고 사는 건 눈감고 자동차를 시속 100킬로미터로 운전하는 것이나 마찬가지다. 다른 차들을 살피지도 않고, 차선을 지키지도 않고, 보행자도 무시하면서 운전하면 결국 어떻게 되겠는가. 그들은 그런 사람들이다. 그러므로 **자기 의견만 내세우는 사람들은 지금 매우 위태롭게 자신의 인생을 운전하는 중이다.**

그런 그들을 이해하는 법은 위의 도자기 작가에게서 배울 수 있다. 그는 실생활에서 하나의 깨우침을 얻었다. 같은 시공간에 존재하고 같은 양의 에너지를 부여받았다고 해도 그것들이 모두 같은 결과물이 되지는 않는다는 점이다. 이 점은 인생의 다양성이기도 하고 개인의 특성이기도 하다.

한 개인이 자신의 의견만 내세운다는 건 그의 특성이다. 그는 원래 그런 사람이라는 것을 인정하라. 그리하면 그대가 의견을 이야기하는 중에 그가 불쑥 나서서 또 일방적으로 자기주장만 펼쳐도 당황스럽지 않을 것이다. 왜? 원래 그는 그런 사람이니까. 원래 그는 그런 특성을 지닌 존재니까.

자기 의견만 내세우는 사람들의 숨겨진 비밀을 아는가. 그들은 자기합리화에 익숙한 사람들이다. 자신이 하는 모든 행동에 대해서 잘못되었다거나, 고쳐야 한다거나, 더 깊이 사색해야겠다는 개념 자체가 없는 것이다. 그러므로 행동이나 말이 매우 즉흥적이다. 그리고 자신으로부터 파생되는 것들이 모두 진리라고 생각한다. 그래서 그렇게 무모하게 자신만만한 것이다.

그런데 이런 자기합리화의 늪에 빠져서 자신의 의견만 내세우는 사람과 자주 만나야 한다면 피곤할 수 있다. 아예 같이 사는 가족이 그렇다면 엄청나게 큰 스트레스의 주범이 될 수 있다. 사람은 자신의 의견에 다른 이가 동조하지 않는 순간 가장 외로워지는 법이기 때문이다. 자신의 의견만 전적으로 옳다고 주장하는 사람들은 타인의 의견에 절대 쉽게 동조하지 않는다. 오직 자신의 주장만 내세울 것이다. 그래서 그와 함께 사는 사람은 외롭고 고독할 수밖에 없다.

그렇다면 그런 사람과 많은 시간을 늘 붙어서 살아야 한다면 어쩌란 말인가?

그럴 때 우리는 관용을 해야 한다. 자기 의견만 내세우는 사람은 자기합리화의 덫에 걸려서 신음하는 사람이다. 지금 그의 눈앞에 펼쳐진 세계는 자기합리화라는 색안경 너머의 세상일 뿐이다. 다시 말해 그는 세상의 전부를 보지 못하는 상태인 것이다.

그가 세상의 전부를 있는 그대로 보고 느끼고 깨닫기 위해서는 그를 객관적인 시각에서 바라보는 이의 도움이 필요하다. 즉 관용의 도움이다. 만일 그런 사람과 함께 생활한다면 그에게 연민의 시선을 주어야 한다. 그는 지금 반쪽짜리 세상을 보면서 그것이 전부라고 생각하기 때문이다. **그대는 관용의 마음으로 자신의 의견만 내세우는 그를, 자기합리화라는 덫에 갇힌 그를 대해야 한다.**

"난 사람은 무조건 하루에 두 끼를 먹어야 한다고 생각해. 하루 세 끼 먹는 사람을 보면 이해가 안 돼."

자신의 의견만 옳다고 주장하는 사람이 이렇게 말했다고 하자. 그러면 대부분의 사람은 이렇게 말할 것이다.

"무슨 말을 그렇게 해? 하루에 세 끼 먹는 게 정상 아니야? 네가 이상하다."

그러면 자신의 의견만 옳다고 주장하는 사람은 화를 내면서 이렇게 말할 것이다.

"뭐야? 내 의견이 틀렸단 말이야? 하루 두 끼만 먹어도 충분하다니까. 너도 그렇게 해보라고. 분명히 내 의견에 동조하게 될 거니까."

그러면 그와 더 이상 말씨름하기 싫은 대부분의 사람은 귀찮아서 이렇게 말할 것이다.

"그래, 그래. 네 말이 맞다 하자!"

위의 대화는 관용의 마음이 없는 상태에서 자신의 의견만 옳다고 주장하는 사람과 나누는 대화의 예이다. 만일 관용의 마음이 있는 상태라면 이렇게 말해주었을 것이다.

"하루에 두 끼라. 그래 그것도 괜찮은 식사법이지. 그런데 말이야, 난 하루에 세 끼는 먹어야 속이 든든하더라고. 그건 각 개인의 취향 아닐까 싶어."

이렇게 말한다면 대화를 훨씬 부드럽게 이어갈 것이라고 생각한다.

이 시간 이후부터 자신의 의견만 죽도록 앞세우는 고집불통 사람과 대화하게 되더라도 침착하게 대응하자. 그에게는 반쪽짜리 세상을 보고 있는 색안경을 벗을 시간이 필요하다. 그가 천천히 자신의 안경을 스스로 벗을 수 있도록 곁에서 조금씩 색안경 밖의 세상을 알려주는 것이 관용이다. 서두르지 말고 그 사람을 자신도 모르는 사이에 더 나은 세계로 올 수 있도록 이끌어주는 것이 관용이며 사랑이다.

조급증이 있는 사람

조급증은 조급해하는 버릇이나 마음을 말한다. 흔한 말로 감이 익기도 전에 감나무 밑에서 입을 벌리고 감이 떨어지기를 기다리는 사람처럼 아직 때가 되지도 않았는데 결과를 얻고자 하는 것이다. 조급증이 있는 사람은 그대를 매우 피곤하게 만들 것이다.

학교 다닐 때 조급증이 심한 친구가 있었던 기억이 난다. 그 친구의 별명은 '물에 빠진 생쥐'였다. 누군가 그 친구가 서둘러대는 모양을 희화해서 붙인 별명이었는데, 정말 그 친구는 물에 빠진 생쥐처럼 정신없이 성급했다.

"나 어떻게 하지?"

하루는 그 친구가 울상이 되어 친구들에게 하소연을 하는 것이었다. 우리는 무슨 큰일이라도 난 줄 알고 걱정스럽게 그 친구를 바라보았다.

"반에서 3등 안에 들어야 하는데 겨우 5등이야. 3등 안에 들어야 부모님께 인정받을 수 있단 말이야."

그 말에 우리는 실소를 하고 말았다. 그 친구는 불과 몇 달 전까지만 해도 반에서 10등 하던 친구였다. 그런데 지금은 5등이나 했다. 우리가 보기에 그 친구는 매우 잘하고 있는데 스스로는 아직도 만족하지 못하고 있는 것이었다. 그 친구는 조급해서 하루라도 빨리 3등 안에 들지 않으면 죽을 것 같은 표정이었다. 하지만 우리들은 전혀 공감하지 못했다. 우리는 조급하지 않았기 때문이다.

내 일이 아니라서 그 시절 나와 친구들이 조급증 친구의 고민에 공감하지 못했던 건 아니었을 것이다. 조급한 사람의 걱정거리란 것은 평범한 사고를 지닌 사람들에게는 아주 사소한 걱정거리로 여겨지기 때문이다. 즉 조급한 사람에게는 세상에서 가장 급박한 일이 다른 사람들에게는 그냥 보통의 일이 된다는 의미다.

그러므로 조급한 사람은 더 조급해진다. 나는 당장 그 일을 해결해야만 하는데 주변 사람들은 내 고민에 무덤덤하고 심지어 조롱까지 하기 때문이다. 그렇다면 우리는 조급한 사람들을 이해할 수 있는 방법을 발견해낼 수 있지 않겠는가. **전혀 조급하지 않은 상황에서 조급한 사람을 이해하려면 그의 조급한 심정을 헤아려주어야 한다.**

조급한 이의 마음을 헤아리려면 그 사람의 입장에 서는 연습을 해야 한다. 부모님의 조급함이 평소에 못마땅했다면 부모님의 입장에서 세상을 바라보라. 선생님의 조급함이 평소에 마뜩잖았다면 선생님의 입장에서 세상을 바라보라. 평소에 상사나 부하직원의 조급함에 짜증 났다면 그들의 입장에서 세상을 바라보라. 그러면 지금까지와는 달리 그 사람이 이해될 것이다.

　"아, 이런 면 때문에 저 사람이 그렇게 조급해했구나!"

　이렇게 깨달을 수 있다면 그와의 사이가 훨씬 좋아질 것이다. 당연하지 않은가. 그대라면 돈 때문에 마음이 조급한데 그 사실을 전혀 이해해주지 않고 조급함을 탓하는 사람을 좋아하겠는가. 아니면 돈 때문에 마음고생해서 조급해하는 것을 알아주고 함께 걱정해주는 사람이 좋은가.

　조급함은 병이 아니다. 누구나 그런 경우가 생길 수 있는 생활습관일 뿐이다. 그러므로 **조급증에 빠져서 삶의 갈피를 잡지 못하는 사람을 만나거든 그 사람의 조급증에 대한 원초적 궁금증을 가져라.** 그리하면 그의 조급함이 이해되고 관용의 마음으로 그를 대할 수 있게 될 것이다.

내성적인 사람

무엇이든 외부로 표출해야만 주목을 받기 쉽다. 어찌 보면 맞는 말인 듯도 하다. 능력이 아무리 월등해도 그것을 드러내지 않는 한 인정받기는 어렵다. 그래서 요즘은 내성적인 사람보다는 외향적인 사람이 더 각광받는다. 그럴 수밖에 없는 더 큰 요인은, 대부분의 사람들이 성공은 곧 돈이라는 관념을 가지고 있기 때문이다. 돈을 많이 벌기 위해서는 자신의 능력을 마음껏 펼쳐 보여야 하고, 그러기 위해서는 외향적인 성격이 더 유리하기 때문이다. 이 점을 곰곰이 생각해보자.

능력이 출중한 운동선수가 있었다. 그녀는 올림픽 2관왕에 오르기도 했다. 그녀는 어릴 적부터 달리기를 잘해서 초등학생 때 이미 여러 학교에서 스카우트하기 위해 열을 올렸다. 그런데 그 선수는 무척 내성적이었다. 어찌어찌 달리기는 하지만 자신을 드러내는 일에는 한없이 수줍어하고 서툴렀다. 친구들과 사귀는 일도 내성적인 성격 탓에 어려웠다.

그렇지만 내성적인 성격이 올림픽 금메달을 따는 데 더 큰 도움이 되었다고 선수는 말했다. 자신을 더 깊이 들여다보는 시간이 많았기 때문에 운동할 때의 단점을 더 빨리 찾아내고 보완해나갈 수 있었다고 회고했다. 결국 내성적인 성격이 그 선수에게는 마이너스가 아니라 플러스 요인으로 작용했던 것이다.

외향적이고 활발한 사람만 성공하는 건 아니다. 내성적이고 소극적인 사람도 얼마든지 성공할 수 있고 행복하게 살 수 있다. 그러므로 외향적 성격이 아니라고 해서 내성적인 사람을 공격하거나 폄하하는 일은 없어야 한다.

극소수의 외향적인 사람들은 자신과는 다른 내성적인 사람들을 가볍게 여긴다. 그들은 내성적인 사람들을 조롱하기를 서슴지 않는다.

"그렇게 살면 안 답답하니? 도대체 무슨 속인지 속내를 알 수 있나. 성격을 바꾸라고. 너 자신을 드러내. 그래야 사람들이 네가 누구인지 알 것 아니니?"

이런 말을 하면서 내성적인 사람들을 무슨 별나라 사람 취급하는 경우도 있다. 그런데 그들은 내성적 성격의 장점을 모르는 사람들이다. 내성적 성격은 외향적 성격만큼 장점이 많다. 외향적 성격이 사교나 자기표현에 조금 더 쉬운 성격이라면 내성적 성격은 내적 탐구와 진중한 사고에 적합한 성격이다.

그래서 내성적 성격의 사람은 학문을 연구하거나 과학적 실험이나 예술적 창작에 유리하다. 그들은 조금만 앉아 있으면 엉덩이가 들썩여서 못 참는 외향적 사람들이 가지지 못한 끈기도 지닌 사람들이다. 이런 장점을 잘 이해하는 것이 그들을 이해하는 첫걸음이다.

내성적인 사람과 친하게 지내는 방법을 아는가. 그 방법은 자신도 함께 내성적이 되어보는 것이다. 여러분에게 내성적 성격을 지닌 친구가 있다면 그 친구야말로 여러분 인생을 보다 다채롭게 만들어줄 사람이다. 그 친구로 인해서 그대는 지금까지 경험하지 못했던 세계를 경험할 수 있다.

외향적 사람이 내성적 사람과 친해진다면 내성적 사람의 장점을 배울 수 있다. 그것은 내성적 사람도 마찬가지다. 그대 성격이 내성적이든 외향적이든 이 점을 기억해야 한다. 자신과 다른 내성적인 혹은 외향적인 사람과 친하게 지내는 것은 스스로를 발전시키는 획기적인 선택이라는 것이다.

외향적인 사람이 내성적인 사람과 친하게 지내서 얻을 수 있는 것은 침착함, 사물에 대한 진중한 사고, 끈기, 고요함, 사색의 즐거움 등이다. 이런 것들을 스스로 깨우쳐서 얻으려면 시간이 필요하지만 내성적인 친구와 함께하면 습득의 시간을 현저히 단축시킬 수 있다.

얼마 전 나는 내성적인 친구를 만나게 되었다. 그 친구의 성격은 학창 시절부터 유명했다. 웬만한 사람하고는 말도 잘 하지 않는 친구였다. 나는 내성적 성격과 외향적 성격을 절반 정도 가지고 있는 성격이다.

"남편이 바람을 피운다."

내성적인 친구가 마치 남의 일을 이야기하듯 덤덤하게 말했다. 난 한참 멍하니 있어야 했다. 그 말이 친구의 가정사라는 걸 인지하기까지 시간이 걸렸다. 왜냐하면 친구의 말투가 너무 차분했기 때문이다.

"아니, 어떻게 그런 일이? 정말 속상했겠다."

난 친구의 불행이 속상해서 진심으로 걱정했다. 내 얼굴엔 아마 근심걱정이 가득했을 것이다. 그런 나를 보면서 내성적인 친구는 이렇게 말했다.

"이혼하면 돼. 걱정하지 마."

마치 남의 일처럼 또 그렇게 말한 친구의 얼굴에서 난 어떤 치열한 고민의 흔적을 발견할 수 있었다. 내성적인 친구는 호들갑스럽게 남편이나 내연녀를 욕하지 않았지만 실로 많은 생각을 했던 것이다. 그런 친구에게서 나는 숙연한 감정을 느꼈다. 만약 친구가 외향적이고 감정을 곧이곧대로 표현하는 성격이었다면 지금 통곡하고 화내고 했을 것이다.

그런데 내성적인 친구는 그런 슬픔과 분노를 마음속으로 감내하고 있는 중이었다. 친구는 매우 고귀하고 매우 우아하게 남편의 외도에 대처하고 있었다. 어릴 적에는 내성적이라고 놀림도 많이 받던 친구였는데, 놀리던 친구들보다 더 성숙한 그 친구가 나는 대견스러웠다.

내성적인 사람은 놀림의 대상이 아니다. 뭔가 모자란 사람도 아니고 세상을 모르는 숙맥도 물론 아니다. 그 사람의 내면에는 우리가 모르는 지혜들이 가득하다. 그를 백안시하고 외면하지 말고 그와 친하게 지내라. 그것이 내성적인 사람에 대한 관용이다. 특히 그대가 외향적인 사람이라면 그런 친구는 더욱 필요할 것이다. 때론 사람이 가장 훌륭한 인생의 지침서가 되는 법이다.

폭력적인 사람

찰리와 메리는 연인이었다. 두 사람은 오랜 연인이었지만 메리는 한 가지 불만이 있었다. 그것은 찰리의 폭력성이었다. 데이트 폭력으로 메리는 심신이 매우 지친 상태였던 것이다. 메리는 찰리를 사랑하지만 찰리의 폭력성 때문에 이제는 그만 헤어지고 싶은 마음마저 들었다.

"찰리! 난 당신을 이해할 수가 없어요. 걸핏하면 내 앞에서 물건을 던져서 부수고 가끔 내 몸에 손대기까지 하는 당신을 더 이상 만나고 싶지 않아요."

어느 여름밤에 메리는 그동안 참고 참았던 불만을 터뜨렸다. 그러자 찰리는 그 말에 불같이 화를 내면서 그녀를 거칠게 벽 쪽으로 밀어붙였다.

"뭐라고? 나랑 더 이상 안 만나겠다고? 우리 엄마도 날 버렸어. 이 제 너마저 날 버리겠다는 거니?"

그랬다. 찰리의 엄마는 그가 채 돌이 되기도 전에 집을 나갔다. 그 는 긴 세월 동안 어머니의 사랑을 한 번도 받아보지 못하고 살아온 사 람이었다. 메리는 이 사실을 오늘 처음 알게 된 것이다. 메리는 문득 자신이 찰리에 대해서 얼마나 알고자 했는지 생각해보았다.

찰리의 폭력성은 어머니로부터 버림받을 때 생겨났다고 볼 수 있 다. 왜 그럴까? 많은 결손가정의 아이들이 그렇지 않은 가정의 아이들 보다 더 폭력적인 상황에 쉽게 노출된다. 그것은 사실이다. 또한 습득 된 폭력적인 성향을 제어해줄 사람이 없기 때문에 폭력적 행동이 반복 되고 증폭되곤 한다.

심각한 범죄를 저지른 사람들 중 약 60퍼센트가 어릴 적에 부모로 부터 충분한 사랑을 받지 못했다는 조사 결과가 발표된 적이 있다. 즉 가정에서 사랑받지 못하면 폭력적인 면이 더 발달할 수 있다는 것이 다. 왜 그럴까? 그렇게도 부모의 사랑이 인간에게 중요한 것일까?

이 점에 대해서 의견이 분분할 수도 있다. 폭력적인 사람 모두가 부 모로부터 사랑받지 못했을 것이라고 단정할 수 없다. 그중에는 부모의 전폭적인 지지와 사랑을 받은 사람도 분명히 있기 때문이다. 그런 사 람들은 다른 이유로 폭력성을 습득했을 것이다. 그러나 대부분의 경우 부모의 사랑을 받지 못한 아이는 마음속에 세상에 대한 원망을 키우기 쉽다.

이런 집이 있다고 하자. 초등학생인 아이는 작은 실수를 잘한다. 그럴 때마다 아버지는 그런 아이에게 손찌검을 한다.

"야, 이놈아. 밥상 앞에서 떠들지 말라고 했지?"

이러면서 사소한 것을 트집 잡아서 아이의 뺨을 때리는 아버지 밑에서 아이는 무엇을 느끼고 살까. 그건 공포심과 자신의 무능력에 대한 깨달음 그리고 세상에 대한 원망이다. 무섭지만 이 상황을 개선할 수 없는 자신이 답답하고, 이렇게 살게 만든 세상이 원망스러운 것이 아이의 심리인 것이다.

이 아이는 커서 폭력을 답습하게 될 가능성이 크다. 왜? 자신이 그렇게 살아왔기 때문이다. 아이는 관용을 받아보지 못한 채 살아갈 것이고, 관용이 무엇인지 모른다면 아버지로부터 배운 폭력성은 언제라도 고개를 들게 되어 있다.

사람을 때리고 물건을 부수고 자해를 하는 따위의 폭력성의 근원에는 바로 사랑 결핍이 있다는 것을 기억하라. 그러므로 지금 여러분의 골치를 썩이는 폭력적인 그 사람은 사랑 결핍 환자다. 이 사실을 명심해야 한다.

관용으로 폭력적인 사람을 이해한다면 그대는 지금까지 원수 같은, 이 세상에서 사라져버렸으면 좋을, 언젠가 똑같이 복수해주겠다고 벼르던 그 사람을 용서할 수 있다. 그는 심각한 환자이기 때문에 지극히 정상적인 그대가 끌어안아야 한다. 이는 약자에 대한 강자의 도리이기도 하다. 폭력적으로 변한 상대방은 분명히 약자다. 그 사람에게 수갑을 채우고 복수를 하기 전에 그가 그럴 수밖에 없었던 원인을 이해하라. 관용은 그런 것이다. 내게 칼을 겨누는 사람도 기꺼이 이해하는 것이 관용이다.

폭력적인 사람은 지극히 연약한 자아를 가지고 있다. 그렇기 때문에 자신의 문제를 내면적으로 감당하지 못하고 외부로 폭발시키는 것이다. 그의 정신이 얼마나 약하고 부실한지 이해하라. 그에게는 사랑과 관용이 필요하다. 그는 아마도 어릴 적에 많은 사랑을 받지 못했을 것이다. 가정에서 학교에서 혹은 사회에서 어떤 가혹행위를 당했을 가능성이 크다.

그가 던지는 물건, 그가 휘두른 주먹, 그에게 받은 피해만 기억하고 처벌할 생각만 할 게 아니라 그가 얼마나 가여운 존재인지를 깨달아라. 그에게 사랑과 용서, 이해를 베풀겠다는 관용적인 자세를 취해야 한다.

폭력을 휘두를 때 가장 괴로운 사람은 본인이다. 그들은 이렇게 생각한다. '내가 도대체 왜 이러는 거지?' 그러면서도 어쩔 수 없이 습관화된 폭력에서 벗어나지 못했던 것이다. 관용은 이런 습관화된 폭력조차도 서서히 없애줄 수 있는 최고의 교화법이다.

비관적인 사람

집안에 비관적인 사람이 한 사람만 있어도 그 집안의 공기가 탁하고 어두워진다. 아버지가 그런 비관론자라고 가정해보자. 일단 무엇이든 긍정적인 기대를 하지 않는 비관론자의 특징을 지녔을 것이므로 자신이 하는 일에도 집중을 하지 못할 것이다. 그래서 회사에서도 승진하기가 수월치 않다. 비관론자인 아버지는 그래서 더 많은 수입을 올리지 못할 것이며 그래서 가족들은 경제적인 곤란에 처할 가능성이 높다. 또한 비관적인 아버지는 가족과 소통하는 데도 문제가 있을 가능성이 크다. 비관적인 사람은 매사에 비관적인 면만 언급할 것이기 때문이다.

"아이들도 제 방이 필요하고 우리도 얼른 집을 넓혀서 이사 가야

죠. 저도 열심히 일 다니고 그러니까 몇 년 안에는 평수 넓은 집으로 이사 갈 수 있을 거예요. 그렇죠?"

평소에 늘 비관적인 남편이지만 그래도 희망을 품고 아내가 말해본다. 그러자 비관적인 남편은 오늘도 그 말에 찬물을 끼얹는다.

"그런 말도 안 되는 꿈을 꾸다니, 당신 제정신이야? 우리 형편에 무슨 넓은 평수로 이사야."

아내는 자신의 바람이 묵살당했다고 생각하게 되었다. 그 후로 아내는 더 넓은 평수의 집으로 이사 가고 싶은 마음을 접어버렸다. 그냥 되는 대로 살기로 한 것이다.

남편은 쥐꼬리만 한 월급을 가져다주고 항상 한숨만 푹푹 내쉰다. 그런 비관론자인 남편과 사는 것이 너무 힘겨워진 아내는 어느 날 자취를 감추고 말았다. 이처럼 비관적인 남편이나 아내의 태도를 견디지 못해 가출한 사례가 어디 이 부부에게만 한정된 일일까? 비관적인 사람의 말과 행동은 같이 사는 사람에게 그만큼 견디기 힘든 그 무엇인 것이다.

그렇다면 이제 여러분은 관용적인 사람으로서 이런 비관적인 사람조차도 이해하고 사랑하는 방법을 공부해야 한다. 왜 우리는 비관적인 사람을 이해해야만 할까? 리플리 증후군을 알 것이다. 현실을 부정하고 허구의 세계를 진실이라고 믿는 것이 리플리 증후군이다.

얼마 전부터 대학가에는 홍길동처럼 출몰하는 어느 새내기 대학생이 큰 이슈가 되고 있다. 그 사람은 수년 동안 전국에 있는 수십 개의 대학 신입생들 모임에 참석했다. 같은 사람이 수년 동안 수십 개 대학의 신입생으로 존재해온 것이다. 왜 그는 그런 생활을 하게 된 것일까?

그에게는 말 못할 슬픈 사연이 있었다. 그는 원래 괜찮은 대학에 합격했다. 명문대는 아니지만 그래도 말만 하면 누구나 알아주는 그런 대학이었다. 그는 꿈을 품고 나름대로 열심히 학교 생활을 했다. 그런데 언제부터인가 공부 잘하는 형제들과 오직 명문대학만 중시하는 주변 사람들의 시선을 의식하게 되었다. 자신이 다니는 학교는 보잘것없어 보였다. 주변인들의 비관적인 시선은 그에게 명문대 학생이야말로 자신의 진짜 모습이라는 환상을 심어준 것이다.

결국 그는 비관적인 사람들의 희생양이 되었다. 명문대를 다니지 못하면 사람 취급을 하지 않는 비관론자들의 평판에 선량한 청년은 리플리 증후군에 사로잡히게 된 것이다. 만일 그의 가족들이, 친척들이, 친구들이, 아니면 주변의 단 한 사람이라도 이런 말을 해주었다면 어땠을까.

"네가 다니는 대학 정말 괜찮은 학교야. 전통도 있고 그 대학 졸업한 사람들 중에 훌륭한 사람들이 많더라. 성실하고 착한 너는 무엇을 해도 성공할 거야. 네가 내 친구라는 게 정말 자랑스럽다."

이런 말을 해줄 낙관론자가 그의 곁에 한 명이라도 있었다면 그는 리플리 증후군에 걸리지 않았을 것이다. 그는 오히려 행복한 낙관론자가 되었을 것이 분명하다. **비관적인 사람들은 그들의 비관적인 시각을 주변 사람들에게 강요하는 면이 있다. 우리가 비관적인 사람을 이해해야 하는 이유는, 비관적인 사람들을 이해하지 않는다면 우리도 비관론자가 될 수 있기 때문이다.** 비관적인 가족과 함께 산다면 그 가족이 비관적이라는 것을 항상 염두에 두고 대화해야 한다.

"청소를 이따위로밖에 못해? 정말 엉망진창이군. 난 정말 너랑 못 살겠어. 살기 힘들어. 너랑 같이 사는 게 괴롭다고."

이런 말을 하는 가족과 함께 산다면 그가 비관적인 사람이라는 것을 염두에 두지 않는다면 그대는 매우 불쾌하고 화나고 심지어 우울해질 가능성이 높다. 그리고 언성을 높이면서 상대방의 말에 맞대꾸질할 수도 있다. 그러나 그가 매우 비관적인 사람임을 이해하고 그의 말을 수용한다면 화가 나는 것이 아니라 오히려 애잔한 마음이 들게 되어 있다. 비관적인 사람은 삶에서 그 어떤 기쁨도 추출해내지 못하는 가여운 사람들이기 때문이다. 그들에게 삶은 온통 괴로움, 슬픔, 무의미함, 무료, 혼란 등을 조장하는 지옥이나 마찬가지다. 그렇다면 그들의 내면이 얼마나 괴롭고 고달프겠는가.

또 다른 리플리 증후군 환자를 양산해내지 않기 위해서라도 우리들은 비관적인 사람들을 잘 이해해주고 그들에게 적극적으로 삶의 즐거운 면들을 선물해주어야 한다. 늘 비관만 하는 엄마에게 꽃을 선물해주자. 엄마는 사랑스러운 자녀가 건네주는 장미꽃 한 송이에도 웃을 수 있는 그런 사람이다. 늘 비관만 하는 아빠에게 따뜻한 포옹을 해드리자. 아빠는 자식의 포옹 한번으로도 위로를 얻는 그런 사람이다.

아내나 남편, 친구나 직장동료 모두 다 다르지 않다. 비관적으로 세상을 사느라 지치고 힘든 그들은 지금 누군가의 따뜻하고 다정한 손길을 기다리고 있다. 그리고 그들을 진정으로 관용하는 방법은 그들의 비관적인 면에 물들지 않고 그대에게 있는 행복한 기운을 그들에게 가급적 빨리 전이해주는 것이다.

험담을
즐겨하는 사람

입이 유난히 거친 사람이 있다. 물론 그런 사람들은 욕도 잘하고 비상식적인 말도 잘한다. 그리고 특히 다른 사람의 단점을 찾아서 흉보는 걸 즐긴다. 험담을 잘하는 사람을 친구로 두고 있다면 지금 그대는 시한폭탄을 안고 살고 있는 중이다. 왜? 그대를 험담할 기회를 노리고 있는 그 친구는 언제 어디서 터질지 모르는 시한폭탄 같은 존재이기 때문이다.

우리가 험담을 경계해야 하는 이유는, 모든 인간은 자신의 존재를 존중해주는 사람을 원하기 때문이다. 누가 그대를 비난한 사실을 알게 되었을 때 얼마나 기분이 상했는지 기억해보라. 험담 잘하는 사람은 여러모로 피해를 끼친다.

첫째, 험담을 듣는 상대방의 귀를 오염시키고 언짢은 기분이 들게 한다. 제3자에 대한 험담을 들어주어야 하는 상대방은 자신의 의도와는 상관없이 험담의 방관자 혹은 공모자가 되는 것 같은 기분이 든다. 그래서 기분이 매우 찜찜해진다. 맞장구치면서 같이 험담하는 사람도 있지만 대부분의 사람은 험담을 그리 좋아하지 않는다. 그만큼 험담은 인간에게 혐오스러운 감정을 유발한다.

둘째, 험담 대상자의 명예를 실추시킨다. 험담을 당하는 대상자는 험담의 사실 여부와 관계없이 명예가 훼손되는 것이다. 평판이 별로 안 좋은 험담꾼의 입에 올랐다는 것만으로도 그는 몹시 불쾌할 수 있다.

셋째, 험담하는 사람의 사회적 고립을 자초한다. 이 말은 험담을 즐겨하는 사람을 환영하지 않는 사람들의 태도를 보면 알 수 있을 것이다. 어느 누가 다른 사람 흉보는 사람을 좋아할까. 그런 사람과 어울리다가는 자기 자신도 그런 부류의 사람이라는 오해를 받을 수도 있다. 그래서 사람들은 험담을 즐겨하는 사람과는 최대한 거리를 두려고 한다.

이렇게 결코 누구에게도 득이 되지 않는 험담을 하는 심리를 짚어보자. A가 B를 험담한다. 물론 그 자리에 B는 없다. 왜 A는 B를 험담하고 있는 걸까? 모든 행동에는 그에 합당한 원인이 있다. A는 B의 어떤 면이 정말 마음에 안 들어서 분노가 치밀었을 수 있다. 혹은 B가 너무 똑똑하고 잘나가서 질투심 때문에 그러는 것일 수도 있다.

험담하는 이유는 다양하다. 질투, 억울함, 분노, 그리고 자신이 그 사람보다 우월하다는 것을 입증하기 위해서도 험담을 한다. 험담하는 심리는 이러하다. 험담을 해서 무언가 얻을 것이 있다고 여기기 때문에 그런 행동을 하는 것이다. 그런데 험담을 해서 얻을 수 있는 것이 무엇이겠는가.

험담하는 본인만 모르는 진실이 여기 있다. 험담으로 얻을 수 있는 건 인간에 대한 실망감이요, 자기 자신에 대한 회의뿐이다. 험담하면서 상대방을 깎아내리는 순간에는 즐거움을 느낄지 모르지만 그 순간이 지나고 나면 허무함이 밀려들게 되어 있다. 듣는 사람도 험담하는 사람도 모두 기분이 나쁜 것이다. 이런 험담을 즐기는 사람을 어떻게 이해해야 할까? 관용은 이런 사람조차도 이해하는 것이다.

그렇다면 도대체 어떤 시선으로 그들을 바라봐야 이해가 될까? 험담을 즐긴다는 것은 그만큼 인격 수양이 되지 않았다는 의미다. 즉 가정교육이 많이 부족했다는 의미다. 또한 인생관이 그릇되었기 때문이다. 다른 사람을 비난하고 인격을 모독하는 건 인간에 대한 존중을 배우지 않은 사람의 행동이며, 그건 인생관이 왜곡된 사람의 보편적인 특징이다. 그러므로 우리는 그가 더 이상 험담으로부터 즐거움을 얻지 않기를 바라는 마음으로 그를 이해해야 한다.

여러분 앞에서 험담을 즐겨하는 그 사람이 또다시 험담을 한다면 일단은 그의 가정교육의 부재와 인생관의 왜곡을 이해하고 그 사람을 무시하거나 혐오하는 시선을 거두어야 한다. **험담하는 사람도 존중받아야 할 인격체다. 그러니 그가 험담을 시작하거든 그냥 들어주자. 경청은 이런 상황에서도 필요하다.** 그 대신 그의 험담에 동조하지 말고 그가 험담한 사람에 대해서 다른 시각으로 바라본 좋은 점을 이야기하라.

"난 말이야, 그녀의 이런 점이 참 마음에 들더라. 평소에 누구에게나 친절하게 잘 웃더라고. 그 미소가 사람을 기분 좋게 하더라."

이런 식으로 그대가 말해준다면 실컷 험담하던 험담꾼 친구는 어느새 자신의 생각을 점검하게 된다.

'그 사람에게 그런 점이 있었던가?'

물론 그 말만 듣고는 당장 험담을 멈추기는 어려울 것이다. 하지만 자신과는 다른 시각에서 바라본 그녀의 장점을 듣는다면 험담하는 일이 별 재미가 없어질 것은 분명하다.

험담 잘하는 사람은 외로운 사람이기도 하다. 너무 외로운 나머지 다른 사람들의 단점을 끄집어내서 치밀하게 분석하고 그걸 퍼뜨리면서 사람들의 관심을 받고 싶어 하는 면이 있는 것이다. 그 점 또한 우리는 너그럽게 이해해주어야 한다.

살다 보면 엄청난 좌절감을 느낄 때가 있다. 어떤 경우일까? 그것은 믿었던 사람한테 속았다는 사실을 알게 되었을 때다. 시사 프로그램에 나온 50대 여인은 자신에게 친근하게 접근한 여자에게 무려 3억 원이 넘는 돈을 빌려주었다. 그녀가 사기꾼이라는 사실을 알았을 때 이미 그 여자는 잠적해버린 뒤였다. 가정까지 버리고 그 여자를 믿고 동행했던 여인은 얼마나 심한 충격을 받았을까? 믿었던 사람에게 속았다는 사실을 알게 되면 그 누구라도 정신적인 혼란에 휩싸이게 된다.

세상에는 그렇게 남을 속이면서 사는 사람이 많은 것이 부정할 수 없는 사실이다. 지금도 아주 작은 속임질에서 엄청난 속임질까지 곳곳에서 다양한 속임질이 행해지고 있다. 그러면 **우리는 '왜 나를 속인 사람을 이해해야만 하는 거지?' 이런 의문을 가질 수 있을 것이다. 나는 여러분을 속인 사람조차도 이해하기를 바란다. 그래야 인생이 평화롭고 행복해질 것이기 때문이다.**

예를 들어서 어떤 사람이 자신을 돈 많은 사업가라고 속이고 그대에게 1000만 원을 빌려갔다고 하자. 그 사람은 돈을 빌려간 후에 잠적해버렸다. 그 사람에게 빌려준 돈을 받을 수 없게 된 것이다. 그런데 알고 보니 그 사람은 사업가가 아니었다. 또 다른 피해자들도 여럿 있었다.

이럴 경우에 그대는 그대를 속인 그 사람을 이해하기보다는 일단 그 사람을 당장 잡아다 빌려준 돈을 받아야겠다는 생각을 먼저 할 가능성이 크다. 그건 보통 사람이라면 누구나 그러할 것이다. 하지만 관용의 마음을 지닌 그대라면 먼저 그 사람을 이해하도록 노력해야 한다. 우선순위가 바뀌는 것이다. 빌려준 돈을 받을 수단을 강구하고 괘씸한 그 사람을 혼내주려는 것보다 그가 그렇게 사기를 칠 수밖에 없었던 이유를 먼저 이해해야 하는 것이다.

"아니, 도대체 날 속인 사람을 내가 왜 이해해야 한다는 말인가요? 작가, 도대체 당신은 생각이라는 게 있소? 당신이 무슨 성인군자요? 어처구니가 없군!"

이런 독자님들의 항의가 들리는 것 같아서 왜 우리를 속인 사람을 이해해야 하는지 명확한 이유를 말해주려고 한다. 인생의 절반이 넘는 세월을 살아오면서 별의별 일을 다 겪었다. 그런 다양한 경험이 내가 글을 쓰게 되는 원천이자 원동력이 되었다. 지혜 또한 그 별의별 경험을 통해서 체득한 것이다.

나는 여러 사람들에게 속아보았다. 당연히 기분이 나빴고, 성질도 내봤고, 그 사람에게 악다구니도 쳐봤다. 다른 평범한 사람들처럼 말이다. 그런데 그렇게 날 속인 사람을 단죄하느라 보낸 시간은 내게 무의미했으며 심지어 불행한 시간이었다. 대신 그 사람들을 이해하고 내가 할 일을 묵묵히 할 때 비로소 삶의 여유와 안정을 찾을 수 있었다. 그러므로 나는 나의 경험과 경험에서 얻은 지혜를 바탕으로 여러분에게 그대를 속인 사람을 이해하길 간곡히 권하는 것이다.

우리 주변에서 살아가고 있는 박 여사의 이야기를 들어보자. 그녀는 얼마 전 친구에게 사기를 당했다. 친구는 급한 수술을 해야 한다면서 박 여사에게 거액의 돈을 빌려갔다. 그런데 알고 보니 수술한다는 건 거짓말이었고 그녀에게 빌린 돈을 유흥비로 흥청망청 날려버렸다. 박 여사는 처음에 친구가 사기를 치리라고는 상상도 못한 상태에서 전화를 걸었다.

"15일까지는 보내줄게."

친구는 처음에 그렇게 약속했다. 그러나 15일이 지나서 통장을 확인해보니 돈은 입금되지 않았다. 그러자 친구는 다시 말했다.

"30일까지는 꼭 보내줄게."

그러나 그 약속은 지켜지지 않았다. 박 여사는 조금 화가 났지만 화를 가라앉히고 물었다.

"그럼 언제까지 될까?"

"다음 달 10일까지는 가능할 거야."

그러나 그 약속도 지켜지지 않았다. 친구는 처음부터 돈을 보낼 생각이 없었던 것이다. 세 번째로 약속한 날짜인 10일이 지나도 돈을 돌려주지 않았다. 박 여사가 전화를 걸자 친구가 화를 내면서 말했다.

"내가 뭐, 네 돈 떼먹을 것 같아서 이렇게 자꾸 전화하는 거야? 날 어떻게 보고 그러는 거야. 그까짓 몇 푼 안 되는 돈 가지고 친구지간에 너무하는 거 아니니?"

박 여사는 말문이 막혔다. 적반하장이란 말은 이럴 때 쓰는 말이라는 생각이 들었다. 눈물이 핑 돌았다. 친구는 약속을 어긴 것에 대한 사과 한마디 없이 도리어 화를 냈다. 박 여사는 속은 것이다.

그러면 그녀는 어떻게 이 상황에 대처했을까? 박 여사도 사람인지라 섭섭하고 화도 났다. 친구가 어떻게 그럴 수가 있나 싶었다. 사람을 이런 식으로 속이다니 울분이 치솟았다. 그러나 곧 그녀는 친구를 이해하기로 했다. 수술비라고 속여서 돈을 빌려간 점이 괘씸하긴 했지만 그럴 수밖에 없었을 친구를 이해하기로 한 것이다. 얼마나 유흥을 즐기고 싶었으면 그랬을까. 그녀는 친구가 그 돈으로 흥겹게 유흥을 즐졌다는 것을 긍정적으로 해석하기로 했다. 그 돈으로 행복할 수 있었다면 그것도 좋은 일이라고 여겼다. 이렇게 마음먹으니 한없이 마음이 평안해졌다.

그대를 속인 사람을 미워하지 말라. 대신 그 사람의 현재 상황이 매우 불안정하고 그대를 속일 정도로 인격이 피폐해졌다는 걸 이해하라. 남을 속이는 사람의 속도 새카맣게 타버렸을 것이다.

그의 병든 마음을 안아줘라. 피해자의 관점에서 생각하지 말고 속아줌으로써 그가 조금이라도 이득을 얻었다면 그것도 나름 인간에 대한 베풂이요 사랑이라고 여겨라. 어차피 이 세상에서 영원히 소유할 수 있는 것은 아무것도 없다. 그러므로 속아서 잃은 것들에 연연하지 말자. 관용은 이해하는 것이다.

제 욕심만
챙기는 사람

관용의 길은 멀고도 험하다. 그러나 우리는 생명이 붙어 있는 한 관용하는 법을 배워야 한다. 멀고도 험한 관용의 길이지만 강인한 의지를 지니고 인간과 사물에 대한 관용을 실현해야 한다. 가치 있고 소중한 것은 얻기도 어렵고 지키기도 어려운 법이다.

관용도 그렇다. **관용적인 인간으로 살아가고 싶다는 의지를 지니고 살다 보면 이를 시험하는 상황들이 발생하기 마련이다.** 특히 이런 사람들과 만나게 되는 경우는 관용의 시험대에 오르게 될 것이다. 그들은 제 욕심만 챙기는 얌체족들이다. 몇 푼 안 되는 돈에서부터 목숨에 이르기까지 다른 사람의 안위나 이익에는 관심이 없고 오직 자신의 안위와 이익에만 관심 있는 사람들을 꼭 만나게 될 것이다.

이탈리아에서 수백 명을 태우고 운항하던 배가 침몰한 사건이 일어났다. 배를 끝까지 지키고 승객의 안전한 피난을 유도해야 했을 선장은 가장 먼저 탈출했다. 나만 살고 보자는 욕심에서 그런 행동을 한 것이다. 그 때문에 승객 30여 명이 숨졌다.

그 선장은 무려 2000년 가까운 징역형을 선고받았다. 마땅히 책임졌어야 할 승객들의 안전을 도외시하고 자신만 살겠다는 욕심을 부린 당연한 대가였다. 이렇듯 제 욕심만 챙기는 사람은 다른 사람의 생명까지도 위험에 빠뜨릴 수 있다. 그래서 그들을 이해하기란 도저히 불가능한 일이기도 하다.

가족 중에도 제 욕심만 챙기는 사람이 있을 것이다. 제 욕심만 챙기는 시누이 때문에 속이 상한 30대 주부 소희 엄마. 그녀는 결혼 후에도 시누이를 데리고 살았다. 당시 고등학생이던 시누이의 학비며 생활비는 전적으로 그녀와 남편이 책임져야 했다. 시댁에서는 시누이가 시골에서 올라오던 날부터 단 한 번도 생활비를 보태주지 않았다. 게다가 남편은 요즘 놀고 있다.

소희 엄마가 벌어오는 돈으로 식구가 생활하다 보니 늘 생활비가 부족했다. 그런데 시누이는 대학에 다니면서 단 한 번도 아르바이트를 하지 않았다. 대학을 졸업한 후에도 취직도 하지 않고 빈둥거리고 있다. 그런데 최근에는 결혼을 하겠다는 것이다.

"언니, 저 결혼할 남자가 생겼어요. 저 돈 없는 거 아시죠? 언니가

다 준비해주세요."

소희 엄마는 기가 막혔다. 지금까지 씨구려 양말 한 켤레 마음 놓고 사서 신지 못하고 시누이를 뒷바라지했건만 이제는 결혼까지 시켜 달라는 것이다. 시골에 살던 시부모는 이미 돌아가신 후였다. 그렇다고 물려받은 유산이 있는 것도 아니었다.

"아가씨, 저도 돈이 없어요. 취직해서 돈을 조금이라도 모아서 결혼하는 건 어때요?"

그러자 시누이가 화를 내면서 자리에서 벌떡 일어났다.

"그게 말이 되는 소리예요? 제가 어떻게 다른 사람 밑에서 눈치 보고 일해요. 언니가 절 이렇게 만드신 거예요. 그러니까 결혼도 언니가 다 알아서 해주세요."

남편에게 이 말을 하자 남편도 시누이 편을 든다.

"우리가 어떻게 해서라도 해주어야지. 그 아이는 어리잖아."

이렇게 제 생각만 하는 시누이 때문에 요즘 소희 엄마는 우울증을 앓고 있는 중이다. 그대 곁에도 이런 가족이 있을 것이다. 이런 친구도 있을 것이며 이런 이웃 사람, 이런 직장동료도 당연히 있을 것이다. 이렇게 제 욕심만 챙기는 사람 덕분에 그대는 많은 피해를 입었을 수도 있다. 그래서 경제적으로 정신적으로 피폐해지고 곤궁해졌을 수도 있을 것이다. 그렇다면 이런 상황에서 어떻게 해야 할까? 역시 관용해야 한다.

누군가를 100퍼센트 이해하기 위해서는 그 사람의 본질을 파악해야 한다. 제 욕심만 챙기는 위의 시누이 같은 사람의 본질은 두려움이 가득 찬 연약한 자아다. 지나치게 욕심을 부리는 사람은 지금 두려움이 가득 차 있는 자아를 지닌 사람이라는 뜻이다. 왜 욕심을 부리는 사람들은 두려움에 떠는 사람들인지 알아보자.

무엇인가에 대한 지나친 집착은 두려움에서 기인하기 마련이다. 승객들을 버리고 혼자 도망간 선장은 물에 빠져 죽을지도 모른다는 두려움에 떠는 사람이었다. 오빠네 가족에게 결혼자금까지 해달라고 조르는 시누이는 자신의 힘으로는 할 수 있는 게 없다는 두려움에 빠진 사람이다. 장난감을 자기 혼자만 가지고 놀겠다고 떼를 쓰는 욕심꾸러기 아이는 장난감을 뺏길까 봐 두려움에 떠는 사람이다.

그러므로 우리는 욕심이 덕지덕지 붙은 사람을 보고 손가락질하는 우를 범하지 말아야 한다. 그들은 모두 두려움에 떨고 있는 연약한 인간들이기 때문이다. 대신 사랑하는 마음으로 그들이 무엇을 두려워하는지 생각해보고 그 두려움을 떨쳐낼 수 있도록 다독여주는 슬기로움을 지녀야 한다. 그렇게 한다면 그들은 결국 욕심을 버리고 서로 나누며 더불어 살아가는 길로 들어설 것이다. 관용은 욕심이 가득 찬 사람마저도 변화시키는 기적의 가치다.

의존하려는 사람

사람의 얼굴이 저마다 다르듯이 성격이나 행동 또한 다르다. 가끔 여러분은 지나치게 남에게 의존하려는 사람들을 만나게 될 것이다. 이런 사람들은 친한 사람이든 별로 친하지 않은 사람이든 부담스럽기 마련이다. 어느 날 친척 한 사람이 집으로 다짜고짜 찾아와서 곤란해진 경우를 보자.

"삼촌 집에서 살고 싶어서 왔어요. 엄마 아빠도 허락하셨어요. 여기서 살아도 되죠?"

사전에 연락도 없이 불쑥 찾아온 이런 조카가 있는데 이렇게 쉽게 말할 삼촌이 있을까?

"안 돼. 불편해서 같이 살기 싫단 말이야. 집에 당장 돌아가!"

이런 삼촌은 아마 없을 것이다. 사정이 어려워도 쉽게 안 된다는 말을 하기는 곤란하다. 의존하려는 사람들은 자신이 마땅히 할 일을 다른 사람이 해주길 바란다. 자신의 문제를 다른 사람이 대신 책임져주기를 바란다. 스스로 충분히 해낼 수 있는 일도 다른 사람이 해주길 바라는 경향이 있는 것이다. 그래서 그런 사람은 주변인들을 힘들게 할 확률이 매우 높다. 그런 사람들을 관용한다는 건 얼마나 또 어려운 일이겠는가.

우리가 그들의 부모도 아니고 형제도 아니라면 의존하려는 사람을 관용하는 일은 더욱 어려울 수밖에 없다. 더구나 의존하려는 사람 때문에 시간을 뺏기고 경제적으로 힘들어진다면 그 사람에 대한 감정이 좋을 리 없는 것이 인지상정이기 때문이다. **만일 여러분 곁에 껌딱지처럼 들러붙어서 의존하려는 사람 때문에 지금 속상하다면 그 사람을 귀찮게 여기지 않았는지 자문해보라.**

"정말 귀찮아. 제발 내 곁에서 사라져버렸으면 좋겠다."

이런 사람이 한 사람이라도 있는가. 그가 가족이든 친구든 별로 친하지 않은 사람이든 그런 사람이 있다는 건 큰 문제가 아닐 수 없다. 그대가 그 사람을 짐짝처럼 부담스러워하는 동안은 그대는 절대 행복해질 수 없기 때문이다.

그렇다면 의존하려는 사람을 관용해야 한다는 명제가 정당성을 부여받게 된다. 어떤 정당성인가? 행복해지려면 반드시 의존하려는 사람을 관용해야 한다는 것이 인생의 법칙이기 때문이다. 즉 행복한 인생을 위해서 인간은 자신에게 의존하려는 사람을 관용으로 대해야 한다는 것이다. 이는 적극적으로 권장할 사항이고 반드시 실천해야 할 덕목이다.

의존하려는 경향이 많은 사람을 이해하라. 귀찮게 여기지 말고, 무능력한 인간이라고 매도하지 말고 그 사람의 의존심을 이해하는 것이 중요하다. 그에게 해줄 수 있는 일이라면 일단 해주는 것이 좋다. 백수인 동생이 이런 부탁을 한다고 하자.

"언니, 월급 받으면 나 절반만 빌려줄래? 친구한테 빌린 돈이 있는데 갚아야 하거든."

의존심이 많은 동생은 아르바이트라도 해서 벌어서 갚을 생각도 하지 않고 그대에게 이렇게 부탁하고 있는 것이다. 그러면 그대는 어떻게 말할 것인가.

"뭐라고? 내 피 같은 월급을 빌려달라고? 그것도 절반이나? 네가 빌린 돈을 내가 왜 갚니? 네가 일해서 갚아."

이렇게 말하는 언니가 될 것인가.

"알았어. 일단 빌려는 줄게. 근데 절반은 안 되고 조금은 빌려줄 수 있겠다. 그리고 이번만이야. 다음부터는 네가 빌린 돈은 네가 갚을 수 있도록 했으면 좋겠다."

이렇게 말하는 언니가 될 것인가.

그대가 언니든 형이든 엄마든 어떤 처지이든, 이런 상황에서는 두 번째 사례처럼 대응해야 한다. 의존하려는 사람에게 면박을 주어서 무안하게 만드는 것이 능사는 아니다. 그건 버릇을 고쳐주기 위한 행동이 아니라 그저 상대방을 수치스럽게 하는 행동일 뿐이다. 두 번째 사례처럼 일단은 의존하려는 상대방을 보듬어주는 것이 좋다. 그리고 더이상 곤란하다는 걸 확실하게 말해주는 것이 좋다. 그래야 상대방은 자신의 행동을 되돌아볼 계기를 마련할 수 있다.

'언니가 다음부터는 안 도와줄 건가보네. 다음에는 나 혼자 해결해야겠다.'

이런 마음이 들어야 의존하려는 마음이 점점 줄어들지 않겠는가. 의존심이 강한 사람들은 유아기적 사고를 지닌 사람들이다. 그들은 사악하거나 욕심 많은 인간이 아니다. 다만 자신의 능력을 과소평가하는 미성숙한 인간인 것이다. 그러므로 그들에게 타인에게 의존하지 않고서도 혼자 얼마든지 상황을 타개해나갈 수 있음을 가르쳐주는 것이 필요하다.

현명한 사람은 관용으로 의존하려는 사람에게 삶의 용기를 준다. 스스로 일어서서 걸어가고 뛰어갈 수 있도록 격려해주는 것이 진정한 관용의 자세임을 기억하자.

음흉한 사람

카레를 만들려고 감자를 깎다가 나도 몰래 탄식이 나올 때가 있다. 겉은 멀쩡한데 속이 시커멓게 썩어 있어서다. 그런 감자를 볼 때면 보이는 것이 다가 아니라는 말이 떠오른다. 사람도 그러하다. 겉으로 보이는 면과 속이 다른 경우가 너무나 많다. 겉 다르고 속 다른 사람을 우리는 음흉하다고 말한다.

"저 사람은 정말 음흉해 보여. 그래서 싫어."

음흉한 사람을 좋아할 사람은 없다. 그런 사람은 처음에는 호인으로 보여서 주목을 끈다. 음흉한 일면을 감추고 한없이 좋은 사람인 양 행세하기 때문에 보통 사람들은 쉽게 그에게 끌리는 것이다. 그러나 알면 알수록 썩은 감자 속 같은 음흉한 일면이 드러나 보인다.

음흉한 사람은 절대 자신의 음흉함을 감출 수가 없다. 그것은 그가 지니고 있는 진짜 모습이기 때문이다. 그럴듯하게 자신을 감추고 살더라도 언젠가는 음흉한 면이 돌출되기 마련이다. 하지만 정작 그들 자신은 음흉함이 절대로 세상에 드러나지 않을 것이라고 확신하며 산다. 그런 점이 음흉한 이들의 비애이기도 하다.

그렇다면 그런 음흉한 부류의 사람을 어떻게 대해야 할까? 그들 역시 우리와 함께 살아가는 이 사회의 구성원이다. 음흉하다고 해서 보지 않고 살 수는 없는 노릇이다. **관용적인 사람은 음흉한 사람을 이해한다. 그들이 왜 음흉한 존재가 되었는지도 충분히 공감해준다.**

그렇다면 음흉한 사람들은 왜 음흉함을 지니게 되었는지 알아보자. 누군가를 안다는 건 그를 이해할 수 있는 기반을 마련한다는 의미다. 겉과 속이 다른, 겉의 선량함과 친절함과는 전혀 다른 사악하고 비인간적인 기질을 내면에 숨긴 음흉한 사람은 처음부터 그런 사람은 아니었다.

분명히 이해해야 한다. 음흉해 보이는 그 사람이 처음부터 그런 성향의 사람이 아니었다는 사실을 이해해야 한다. 그는 피해자다. 잘못된 환경의 피해자가 바로 그런 사람이다. 겉과 속이 다르게 형성된다는 건 자아가 심각한 손상을 입었다는 뜻이다. 즉 그의 정상적인 자아가 우리가 알지 못하는 어떤 이유 때문에 잘못된 이미지로 변했다는 것이다.

그것은 어린 시절 겪었던 사고나 경험 또는 잘못된 판단 등이 이유일 수 있다. 이런 이유들로 변절된 자아가 곧 자신의 이미지에 대한 왜곡으로 이어진 것이다. 원래의 선하고 아름다운 본성을 잃어버리고 사악한 마음을 가지게 되는 것이다. 음흉해 보인다는 건 그 사람이 현재 자신의 본래 모습을 잃었으며 현실적인 인식이 크게 잘못되어 있다는 증거인 셈이다.

그러므로 **관용의 마음으로 과거와 달리 음흉해진 그 사람을 이해하고 사랑해야 한다. 그는 인생의 피해자다. 순수했던 어린 시절의 그는 절대로 음흉한 마음을 지니지 않았음을 기억해주어야 한다.** 인간은 가변적인 존재다. 언제 어떤 계기로 어떻게 변할지 모르는 것이 인생사다. 이 같은 인간의 가변적인 면을 인정하면 음흉한 사람을 이해하는 것도 그리 어려운 일이 아니다.

음흉한 회사원이 있다. 그는 겉으로는 사람들에게 매우 친절한 척했지만 내심으로는 사람들을 골탕 먹일 생각이 가득한 사람이다. 그에게 남의 불행은 곧 자신의 행복이 되는 것이다. 물론 그도 처음부터 그런 음흉한 마음을 지니고 태어난 것은 아니다. 그가 어린 시절에 겪은 친구들의 놀림이 이런 성향을 지니게 된 결정적인 계기가 되었다.

그는 홀어머니 아래서 성장했는데 그의 어머니는 척추장애인이었다. 친구들은 그를 '곱사아들'이라고 놀리고 상처를 주었다. 그 후부터 그는 마음속에 사람들에게 복수하겠다는 생각을 품고 살았다. 그건 막연한 복수심이었다. 그것이 그의 음흉함의 단초가 된 것이다. 동료들은 처음에는 그의 친절함에 끌려 그와 친하게 지냈다. 그러나 그가 음흉한 사람임을 깨닫고 나서는 그를 철저하게 외면하기 시작했다. 그래서 그는 외톨이가 되었다.

"사람들이 날 외면해. 이곳에서 난 외톨이야"

음흉한 그가 자신의 처지를 한탄하고 우울해한다. 그러자 그 회사에서 유일하게 관용적인 동료가 그를 위로한다.

"사람들이 외면한다고 우울해하지 마. 사람들이 아직 널 잘 몰라서 그런 거야. 너의 본래 모습을 보여줘봐. 네가 지금까지 몰랐던 네가 네 안에 있어. 그 모습을 찾아봐. 난 네가 정말 좋은 사람이라고 생각해. 힘내."

음흉한 사람은 자신이 왜 따돌림을 받는지 곰곰이 생각해봤다. 그리고 곧 자신의 이중성에 대해 깨닫기 시작했다. 만일 그 한 명의 동료마저 그를 비난하고 외면했다면 음흉한 사람은 절대로 자신을 돌아볼 기회를 가지지 못했을 것이다. **음흉한 사람에게는 반드시 일그러진 자신을 들여다볼 수 있는 타인의 거울이 필요하다. 우리는 그들에게 그런 거울 역할을 해주어야 한다.**

겉으로 드러난 그의 좋은 모습이 내면화될 수 있으려면 그를 바라보는 타인이 그가 그런 사람이 되도록 응원해주어야 하는 것이다. 사실 음흉한 사람은 정말 고독한 사람이다. 혼자서 세상과 격리된 생각

속에서 사람들을 증오하고 사회와 환경을 원망했던 시간이 지금의 음흉한 그를 만들었을 것이기 때문이다.

그들은 뼈저리게 고독했으므로 지금 음흉한 자아를 가지게 된 것이다. 그러므로 우리는 그들을 따스하게 대해줄 의무가 있다. 더 이상 음흉한 생각을 하지 않아도 행복해질 수 있다는 마음이 들 수 있도록 관용의 마음으로 그들에게 손을 내밀어야 한다.

실행력이
부족한 사람

현재 무엇을 도모하는가에 따라서 그 사람의 미래가 결정된다. 그런데 그것 못지않게 중요한 것이 있다. 바로 실행하는 것이다. 아무리 좋은 계획을 세웠어도 실행하지 않는다면 무용지물이다. 그렇지 않은가.

뛰어난 역사학자가 되고 싶어 하면서도 정작 역사 공부를 하지 않는다면 그의 희망은 이루어질 수 없다. 그가 정말 뛰어난 역사학자가 되고 싶다면 지금 당장 역사책을 들여다보고 공부를 하고, 박물관과 역사의 현장에도 직접 가봐야 한다. 이런 노력을 우리는 '실행'이라고 부른다. 이러한 **실행력은 한 개인의 꿈을 현실화하는 데 직접적으로 관여한다.** 나아가 단체, 국가, 사회의 흥망성쇠를 결정하기도 한다.

실행력이 부족한 사람을 만난 적이 있을 것이다. 어쩌면 자기 자신이 그런 사람이라고 생각하는 분도 계실 것이다. 어찌 되었든 실행력이 부족한 사람을 보면 뭔가 답답하다는 생각이 가장 먼저 들 것이다. 또한 무능력하고 결단력이 없다는 생각도 든다.

그런 사람을 이해한다는 건 실행력이 얼마나 얻기 어려운 것인지에 대한 공감에서 비롯되어야 한다. 어떤 일을 실천하는 것은 생각에서 머물기만 하려는 안일한 마음을 과감히 떨쳐내야만 이룰 수 있는 일이기 때문이다. 그러므로 실행력이 없는 사람에 대한 우리의 자세는 관용이어야만 한다.

10년째 백수 생활을 하는 아들을 보고 아버지는 오늘도 인상을 찌푸린다.

"어이고, 저놈은 언제 사람노릇을 할 거야. 도대체 누굴 닮은 건지, 쯧쯧."

"그래도 너무 나무라지는 마세요. 쟤도 일자리를 알아보려고 노력은 하잖아요. 놀기만 하는 것도 아닌데 너무하시네요."

그런 아버지의 말에 어머니가 아들 편을 든다. 어머니가 보기에 아들은 자신이 원하는 목표를 향해서 노력하는 실행력 있는 아이다. 그러나 아버지가 보는 아들은 집구석에서 밥만 축내는 식충이요, 실행력 없는 쓸모없는 인간이다. 두 사람은 똑같은 아들을 보고서 다른 판단을 하고 있는 중이다.

아버지의 관점은 관용이 결여된 상태에서의 관점이다. 아들이 10년째 무슨 생각을 하며 살아왔는지 전혀 알려고 하지 않는다는 것을 우리는 간접적으로 알 수 있다. 돈을 벌어오지 않는다는 것이 실행력이 없다는 결정적 근거가 될 수는 없는 법이다. 실행력의 유무는 그가 무언가를 이루기 위해 얼마나 부단히 노력했는지 여부로 판단해야 한다. 그러니 아버지는 아들의 실행력이 조금 부족하더라도 관용을 베풀어야 한다.

그렇다면 실행력을 좌우하는 것은 무엇일까? 첫째, 건강이다. 손발이 아프고 장염에 걸려서 배 속이 부글거리는 상태라면 실행할 의지가 생길 수 있을까? 두통이 있거나 심리적인 불안감이 있어도 마찬가지다. 일단은 건강해야 무엇이든 할 수 있다는 사실을 기억해야 한다.

둘째, 삶에 대한 애정이다. 생각해보라. 자신의 인생을 사랑하지 않는 사람이 무엇인가를 하고 싶다는 욕망을 가지겠는가.

최근에 일어난 충격적인 사건이 하나 있다. 20대 청년이 공항 근처에서 택시를 타더니 서해대교에서 내려달라고 했단다. 택시기사는 별 의심 없이 서해대교에서 차를 세웠다. 그리고 잠깐 사이 청년은 바다로 뛰어내리고 말았다. 그는 실종 상태다. 그가 생각한 삶은 살 가치가 없는 것이었나 보다. 그렇지 않고서야 어떻게 그 귀한 청춘을 그렇게 쉽게 버렸겠는가.

이미 그는 자신의 삶을 사랑하지 않는 상태였다. 인생을 조금 더 활기차게 보낼 실행력은 이미 없었던 것이다. 그가 다리 밑으로 뛰어내린 건 실행력이 아니다. 혹자는 그것도 실행력의 일환이 아니냐고 할 수도 있지만 그건 절망이 시키는 대로 한 행동일 뿐이다. 그가 진짜 실행력이 있었다면 서해대교에서 바다로 뛰어내리는 대신 삶의 현장에 뛰어들었을 것이다. 이렇듯 **삶에 대한 애정은 실행력의 필수요소다. 인생을 사랑하는 사람은 누가 시키지 않아도 실행력을 지니게 된다.**

이 두 가지를 보면 일단 실행력은 건강과 삶에 대한 애정을 토대로 만들어지는 소양임을 알 수 있다. 여러분 곁에 있는 실행력이 부족한 그 사람은 지금 건강이 좋지 않을 가능성이 많다. 또한 삶에 대한 애정이 결여되어 있을 것이다.

이 두 가지만 먼저 해결되어도 그는 다시 반짝이는 눈으로 인생을 살아갈 것이다. 스스로 자신이 할 일을 찾아서 할 것이고 스스로 자신의 삶을 체계적으로 운영해나갈 것이다. 그러므로 그대는 관용의 마음으로 그가 다시 건강과 삶에 대한 애정을 되찾을 수 있도록 도와주어야 한다. 그 출발점은 미약하지만 그대가 지닌 긍정적인 기운을 그에게 나누어주는 것이다.

"넌 그 일을 해낼 수 있어. 한번 시도해봐."

"우리는 널 믿어. 그 일을 해낼 수 있는 사람은 바로 너야."

이런 긍정적인 말들은 실행력이 부족한 사람의 기운을 북돋아주고 삶에 대한 애정을 되찾게 해준다. 실행력이 부족하다고 해서 그를 곁에서 밀쳐내지 말고 이와 같은 긍정적인 언어로 품어주자. 그러면 누구보다 더 활기차게 그는 다시 날아오를 것이다.

불평이
많은 사람

같은 또래의 사람들이 같은 공간에 있어도 이런 사람 한 명쯤 나오기 마련이다.

"여기 왜 이렇게 안 좋아? 이것은 이래서 안 좋고 저것은 저래서 안 좋네."

머무는 곳이 아무리 궁전처럼 호화로워도 이런 사람의 출현을 막을 수는 없다. 불평론자는 밤하늘에 별이 떠 있듯 사람들 사이에 늘 존재하기 때문이다. 솔직히 사람이라면 한 번쯤, 아니 그 이상 불평을 하곤 한다.

투덜거렸던 경험이 단 한 번도 없는 사람은 없을 것이다. 하지만 이런 불평도 지나치면 곤란하다. 그것을 들어주어야 하는 상대방은 곤혹스럽기 때문이다. 불평의 직접적인 대상이 아니더라도 늘 불평만 하는 사람이 곁에 있으면 같은 기분을 느끼게 될 개연성이 크다.

"이 집 국밥은 왜 이렇게 짜. 무슨 소금을 먹는 것도 아니고 도저히 못 먹겠다!"

불평이 많은 친구와 국밥집에 왔는데 그 친구가 이렇게 말하면서 밥을 먹다가 숟가락을 내려놓는다면 어떨까? 그 소리를 듣기 전까지는 분명히 맛있게 먹던 국밥이 갑자기 짜게 느껴질 것이다. 그래서 그도 모르게 입맛을 잃을 가능성이 커진다. 이것은 불평의 전이현상이다. 즉 불평론자와 어울리다 보면 자신도 모르는 사이에 불평에 감염되는 것이다.

그렇다고 해서 불평론자를 배척하면서 살기는 어렵다. 또한 그래서도 안 된다. 우리는 불평이 많은 사람들과도 기꺼이 어울려 지내는 아량을 지녀야만 한다. 그렇다면 매사에 투덜거리고 불평이 많은 그들을 어떻게 이해해야 한단 말인가?

무엇에 대해서 부정적인 결론을 내리는 이유는 뭘까? 예를 들어서 어떤 책이 있다고 하자. 한 사람은 그 책에 대해서 좋은 평가를 내린다. 하지만 다른 사람은 이렇게 불평한다.

"이 책은 영 쓸모가 없는 책이야. 읽어도 무슨 내용인지 이해도 되지 않고. 이런 것도 책이라고 팔다니, 돈이 아깝다."

그런데 그 사람을 제외한 다른 사람들이 보기에 그 책은 그렇게까지 혹평을 받을 책은 아니었다. 늘 불평하는 게 생활화된 그 사람만 그 책을 쓰레기 취급을 하는 것이다. 여기에서 우리는 불평론자들의 특성을 알 수 있다. 즉 그들은 불평하는 습관에 물든 것이다.

자신이 하는 말이 불평이라는 것을 인식하면서 하는 사람은 드물다. 특히 불평을 많이 하는 이들의 입장에서는 불평은 당연한 개인의 주장이다. 음식 맛이 어떻다느니, 친구 누가 성격이 안 좋아서 마음에 안 든다는 등의 불평을 하면서 아무런 죄의식을 느끼지 않는다는 의미다. 불평은 습관이 되어서 그들의 삶 전체를 지배하고 있는 것이다. 우리는 그들이 습관화된 불평의 올가미에 사로잡혀 있음을 이해해야 한다.

습관화된 불평은 위험하다. 그것이 얼마나 위험한지는 우울증 환자들의 자살 시도에서 알 수 있다. **불평은 삶을 우울하게 만들고 결국 우울증 등의 심각한 정신질환으로 진행될 수 있는 악성 위험인자다. 그러므로 우리는 불평하는 것이 습관화된 불평론자들에게 관용을 베풀어야 한다.**

잘못된 습관이 결국 자신을 불행하게 만든다는 것을 스스로 깨우치려면 힘들 수 있다. 불평이 좋지 않은 습관이고 고쳐야 할 습관이라는 것을 알고 있는 사람이 관용의 마음으로 불평의 해악을 알려줄 필요가 있는 것이다.

"엄마, 동생은 만날 내 옷을 맘대로 입어. 그리고 내 화장품도 자기 멋대로 쓴다니까. 난 동생이 싫어."

자매간에 흔히 있는 일이다. 이럴 때 엄마는 관용을 지니고 딸의 심리 상태를 이해해야 한다.

"넌 언니가 되어가지고 속이 그렇게 좁니? 동생이 옷 좀 입으면 어때서 그래."

이렇게 말해서는 곤란하다. 공감해주고 위로해주는 엄마가 되어야 한다.

"그래, 많이 속상했겠구나. 그런데 넌 엄마가 새 옷도 많이 사주지만 동생은 늘 네 옷을 물려 입잖아. 그러니까 네가 조금만 너그럽게 이해해주면 안 될까? 물론 말 안 하고 쓴 건 잘못했지만 말이야."

이렇게 엄마가 말하면 딸은 이렇게 말할 것이다.

"알겠어. 내가 언니니까 봐주지 뭐."

불평은 눈 녹듯이 사라지고 어느새 동생에 대한 사랑의 마음을 되찾은 언니가 될 수 있다.

불평을 하는 것은 무언가 불만이 있기 때문이다. 또 불만이 생기는 것은 집착 또는 애증이 있다는 반증이다. 다시 말해 무언가에 대해 불평을 하는 것은 그것을 지나치게 좋아하고 있거나 그것을 미치도록 증오하고 있다는 의미다. 그러므로 우리는 불평을 많이 하는 가족이나 친구들과 대화를 할 때 그 점을 염두에 두어야 한다.

옷에 대해서 불평하는 사람은 옷을 지나치게 아끼거나 옷을 굉장히 싫어한다는 의미로 해석해도 좋다. 음식에 대해서 불평하는 사람은 음식을 지나치게 좋아하거나 그 반대로 음식을 혐오하는 사람일 수도 있다. 친구에 대해서 불평하는 사람은 그 친구에 대한 애정이 지나치거나 그 반대로 그 친구를 정말 미워하고 있는 중이다. 이런 극단적인 감정을 지닌 사람이 불평론자가 되기 쉽다.

관용의 마음으로 불평하는 사람을 포용하라. 불평하는 사람은 극단의 감정 때문에 부정적인 세계관을 지니게 된 사람이다. 또한 그것이 오랜 세월 반복되면서 화석처럼 굳어지고 습관화된 사람이다. 그들이 불평을 할 때마다 예민하게 반응하는 건 오히려 사태를 악화시킬 수 있다.

그저 무덤덤하게 그들의 불평을 들어주는 것이 필요하다. 그리고 그것을 공감해주는 것도 필요하다. 그러나 거기에서 그치는 건 그들이 더 큰 고통 속으로 빠져드는 것을 방관하는 무책임한 자세다. 한 걸음 더 나아가 그들이 하는 불평의 근원에 대해서 같이 고민해보고 해결책을 제시해주는 역할을 해주는 것이 그들을 진짜 이해하는 사람의 태도다.

"옆집 똘이 아빠는 이번에 승진했다는데 당신은 도대체 뭐예요?"

아내가 옆집 남자와 자신을 비교한다. 그럴 때 남편의 심경은 어떨까?

"엄마 친구 아들은 전교 1등을 놓치지 않는단다. 넌 성적이 그게 뭐냐?"

엄마가 친구 아들과 자신을 비교한다면 그 아들의 심경은 어떨까?

"김 과장, 정신 차리고 열심히 해야겠어. 이 과장 하는 것 좀 보라고."

상사가 다른 동료와 자신을 비교한다면 김 과장의 심정은 어떨까? 비교당하는 김 과장의 심정을 구구절절 설명하지 않아도 충분히 이해가 될 것이다. 비교당하는 사람의 심정을 굳이 말로 표현하면 자존심이 상한다는 것일 게다. 자존심 상하는 일 참 많다. 그중 누군가와 비교당하는 일만큼 자존심 상하는 일도 드물다.

우리 주변에는 비교하기를 즐기는 사람들이 있다. 자녀들을 다른 자녀들과 비교하고, 배우자를 다른 배우자와 비교하며, 친구를 다른 친구와 비교한다. 심지어 자기 자신을 다른 사람들과 비교하면서 자조하기도 한다.

어떤 학생이 코피가 날 정도로 열심히 공부해서 반에서 10등을 했다. 부모님께 이 기쁜 소식을 알릴 생각에 콧노래가 절로 났다. 그러나 성적표를 받아든 부모님은 이렇게 말한다.

"네 사촌 형은 전 과목 만점을 받았단다. 넌 이것도 성적이라고 받아 왔니?"

이런 말을 들은 학생은 그만 기운이 쑥 빠지고 말았다. 최선을 다해 얻은 결과가 반 10등인데 부모님은 그걸 칭찬해주지 않았다. 칭찬은 고사하고 사촌 형과 비교함으로써 그의 가치를 폄하했다. 학생은 침울해지고 말았다. 무엇보다 비교당한 게 기분 상했다. 왜 사촌 형과 비교하는지 억울한 마음이 들었다.

비교하는 부모 밑에서 성장하는 자녀가 행복할 수 있을까? 사사건건 자녀를 남과 비교한다면 그 아이들은 결코 행복할 수 없다. 나아가 아이들은 자신의 꿈을 마음껏 추구할 힘마저 잃어버리게 된다. 그렇다면 이런 부모 밑에서 어쩔 수 없이 살아가야 하는 자녀는 어떻게 해야 하는가.

그 누구라도 자신의 상황을 100퍼센트 바꿀 수가 없다. 가끔 이사하거나 전학을 해서 상황을 바꾸기도 하지만 모든 상황을 자기 마음에 들게 바꿀 수는 없다. 어쩌면 이것은 인간의 한계인지도 모른다. 그러나 신은 우리에게 자신의 처지를 바꾸지 않고서도 행복해질 수 있는 그 무엇을 주셨다. 그것이 생각이다.

비교당하면서 살 수밖에 없는 환경이라도 얼마든지 행복해질 수 있다는 걸 명심하라. 그 방법은 생각의 전환이다. 더 자세히 말하면 생각을 관용적으로 하는 것이다. 즉 자신을 비교하는 사람을 전적으로 이해하는 과정을 거치는 것이다. 성적표를 보고 사촌 형과 비교하는 부모도 이해해야 한다. 사사건건 다른 집 남자와 비교하는 아내도 이해해야 한다. 이런저런 비교쟁이들을 모두 이해할 수 있어야 한다.

비교하는 걸 즐기는 사람을 이해하는 법은 구체적으로 이렇다. 그들이 비교함으로써 무엇을 얻고자 하는가를 생각해보는 것이다. 이것이 생각의 전환이다. 기존에는 비교당할 때의 기분에만 연연했을 것이다. 무안하고 자존심 상하고 화가 난 감정에 사로잡혀서 이성적 판단을 하기가 어려웠을 것이다. 그래서 비교당하면 그렇게 기분이 나빴던 것이다. 또한 비교한 사람을 싫어하는 마음이 들었을 것이다. 그러나 생각을 전환해서 자신을 다른 대상과 비교하는 사람이 무엇을 얻으려고 그런 행동을 하는지 생각해본다면 새로운 결과를 도출해낼 수 있다.

비교를 즐기는 사람은 누군가를 비교함으로써 그 사람이 더 나은 모습으로 변화되길 원하는 것이다. 그들은 비교를 통해서 우리들에게 더 향상된 존재가 되기를 은연중에 바라는 것이다. 이것은 얼마나 고무적인 일인가. 지금 그대를 누군가와 비교하는 그 사람, 따지고 보면 그대를 위한 인생 최고의 충언을 하고 있는 중인 것이다.

"너와 동갑내기가 지금 억대 연봉을 받는단다."

그대가 이런 말을 들었다면 자존심 상한다고 얼굴을 붉힐 게 아니라 그를 이해해야 한다. 그 사람은 그대가 현재보다 더 향상되길 바라는 마음에서 이런 말을 했기 때문이다. 그러므로 오히려 감사하는 마음으로 그 사람의 말을 받아들여야 한다.

"오, 그래? 정말 대단한 친구구나. 나도 열심히 해서 그렇게 되도록 해야겠다."

이렇게 말을 받아준다면 비교를 한 사람은 내심 흐뭇할 것이다. 그 사람은 분명히 그대를 걱정하고 염려하는 마음에서 그 말을 했기 때문이다.

비교하는 사람을 관용하는 것은 스스로를 더욱 발전시키는 가장 현명한 처세술이다. 비교는 언제든지 환영할 만한 일이다. 그러므로 비교하는 걸 즐겨하는 이들을 관용하는 일은 그 어떤 관용보다 즐겁고 쉬운 일이다.

　자존심 상하는 일은 비교 외에 또 있다. 그건 바로 무시당하는 것이다. 여자라서 무시당하고, 나이가 어리다고 무시당하고, 타지에서 왔다고 무시당한다. 무시당하면 자존심도 상하지만 무엇보다 인간적인 모멸감이 든다. 이런 이유로 그 누구보다 더 용서할 수 없는 사람 중에 바로 무시하는 사람이 포함될 수밖에 없다. 그만큼 무시당한다는 것은 큰 충격과 정신적 고통이 수반되기 때문이다.

　무시하는 것이 생활화된 사람은 자신 이외의 사람들에 대해서 언제나 무시하는 태도로 일관한다. 일례로 며느리가 가난한 집 출신이라면서 무시하는 시어머니는 며느리만 무시하는 것이 아니었다. 그녀는 동네 사람들도 차별하며 대했다. 자신보다 부유한 집 사람에게는 공손하게 대하고 가난한 집 사람은 은근히 무시하곤 했다. 며느리는 자신만 무시당한다고 생각했겠지만 실상 시어머니는 며느리뿐만 아니라 여러 사람들을 두루두루 무시했다. 며느리가 자신을 무시한다고 시어머니에게 한탄하자 시어머니는 냉랭한 어조로 이렇게 말했다.

"내가 언제 널 무시했다고 그러니? 네 집안이 가난한 건 사실이잖니. 시집올 때 해온 것도 없으면서."

남을 무시하는 사람은 자신의 행동이 상대방에게 얼마나 큰 상처를 주는지 헤아리지 못한다. 그래서 계속 남을 무시하면서 사는 것이다. 그렇다면 우리는 왜 이런 사람을 관용해야 할까?

그들에게는 사람을 존중하고 사랑하는 능력이 없다. 그래서 그들은 다른 사람을 무시하는 말을 함부로 내뱉는다. 즉 그들은 인간을 어떻게 존중해야 하는지를 모르는 것이다. 그러므로 그들은 다른 사람을 가볍게 여기고 함부로 대한다. 그렇게 함으로써 자기 자신도 상대방으로부터 미움과 경멸을 받게 된다.

결국 따져보면 **누군가를 무시하는 사람은 자기가 한 행동보다 훨씬 큰 손해를 입게 된다. 그러므로 그들은 스스로를 곤란하게 만드는 행동을 하는 안타까운 존재들인 것이다. 이런 사람을 우리가 관용하지 않으면 누굴 관용해야 하겠는가.**

그대를 무시하는 사람 때문에 열 받았다면 잠시 숨을 고르면서 생각해보라. 왜 그는 그런 말을, 그런 행동을 하는 걸까. 그 사람의 입장에서 한번 자신을 바라보는 것이다. 어쩌면 그대는 무시당할 수 있는 어떤 행동을 했을지도 모른다. 다소 잔인하더라도 그런 점이 있는지 확인하라. 그리고 무시당할 만한 처지인지도 모른다.

무시는 상대방이 자신과 평등한 존재가 아니라 자신보다 한 수 아래라는 전제하에 하는 행동이다. 그러므로 무시를 당했다는 것은 그 사람이 보기에 그대가 뭔가 자신보다 한 수 아래라는 느낌을 받았기 때문인 것이다. 재산을 척도로 했든 지식을 척도로 했든 어찌 되었든 무시할 만한 뭔가가 있었기 때문에 무시당하는 것이다.

그러니 화내지 마라. 인간이라면 누구나 단 한 가지라도 무시당할 만한 요소가 있다. 신이 아닌 이상 완벽할 수는 없는 노릇이다. 확실한 사실은, 무시하는 사람도 다른 사람으로부터 무시당할 요소를 가지고 있다는 점이다. 무시당했다고 화내는 것만큼 무가치한 일도 없다. 그건 화를 낼 일이 결코 아니다. 주관적인 판단에 의한 일방적 행동이 바로 무시라는 것을 알아야 한다.

따지고 보면 인간은 무시당하지 않기 위해 사는 것인지도 모른다. 다른 사람들에게 무시당하지 않기 위해서 옷을 깨끗하게 빨아 입고 외모도 꾸민다. 다른 사람들에게 무시당하지 않기 위해서 공부를 하고 취직을 하고 결혼을 한다. 정말로 결혼하고 싶지 않지만 주변의 시선 때문에 결혼한 사람도 있다. 이처럼 단지 무시당하지 않기 위한 삶은 훗날 후회스러운 결과만 가져올 뿐이다. 그러므로 누가 그대를 무시하든 말든 신경 쓰지 말고 살아라.

또한 무시를 일삼는 사람에게 관용을 베풀어야 한다. 어쩌면 자신을 무시하는 인간을 사랑하고 이해하는 관용을 베푼다는 건 성인의 경지에 이르러야 가능할지도 모른다. 그만큼 어렵다는 의미다. 그렇더라도 무시를 일삼는 그 사람을 기꺼이 관용해야 한다. 그는 지금 자기 자신만의 소심한 잣대로 타인을 평가하고 있는 중이다. 그가 내뱉은 무시의 말은 이런 의미에서 혼자만의 공허한 외침일 수도 있다. 그대가 그의 무시를 아무것도 아닌 것으로 여긴다면 말이다. 어떤 이가 친구에게 이렇게 무시의 말을 했다고 하자.

"넌 정말 키가 작다. 그런 키로는 여자 친구도 못 사귀겠는걸."

이 말을 한 친구의 무의식에는 이런 생각이 있다.

'내가 저 친구보다 잘난 건 키가 더 큰 거밖에는 없지. 난 너보다 키가 더 크다고. 난 잘났어. 날 알아줘.'

얼마나 처절한 몸부림인가. 며느리가 가난한 집안 출신이라고 무시한 시어머니도 마찬가지다.

'며느리는 나보다 젊고 예쁘고 내 아들의 사랑을 듬뿍 받고 산다. 아, 열 받아. 난 늙었고 아들의 사랑도 며느리에게 빼앗겼어. 이 울분을 어디다 풀지? 옳지, 며느리는 가난한 집안 출신이지. 그걸 빌미로 며느리에게 분풀이 좀 해야겠다.'

정말 눈물 나는 일이다. 분한 마음을 무시하는 옳지 못한 행동으로 풀려는 시어머니다. 며느리는 자신을 무시한 시어머니의 이런 속마음을 헤아려줄 줄 알아야 한다. 자신은 젊고 예쁘고 남편의 사랑까지 받는다. 늙은 시어머니는 평생 키운 아들의 사랑마저 빼앗겨서 괴로워하고 있다. 친정을 가난하다고 무시하는 못된 시어머니의 내면에는 이런 속내가 감춰져 있는 것이다. 이처럼 무시하는 사람들은 가슴 아픈 사연이 있는 사람들이다. 어떤 이는 자신의 콤플렉스를 무마시키기 위해서, 어떤 이는 상대방에 대한 분노를 풀기 위해서 무시하는 중인 것이다.

무시에 대한 대응은 잔잔한 관용이다. 파도처럼 일렁이며 같이 무시하거나 화낼 필요가 없다. 잔잔한 물결처럼 우아한 대응이 현명한 대처다. 잔잔하고 우아하게 무시하는 사람을 관용하라. 그는 지금 안타까운 심정으로 가슴속에 응어리진 뭔가를 풀어내는 중이다. 그는 한에 맺힌 속마음을 무시라는 실로 풀어내는 병든 누에고치다. 무시한다는 행동 그 자체만을 보지 말고 그 행동을 하는 내면의 병든 영혼을 성찰할 줄 아는 사람이 되어야 한다.

질투하는 사람

"왜 나한테는 이렇게 조금 주고 저 사람한테는 저렇게 많이 주는 거야?"

이런 심리가 바로 질투다. 질투하는 사람과 함께하면 신경이 곤두서기 마련이다. 자녀 중에 한 아이가 질투심이 심하다면 부모는 중간에서 애매한 입장이 된다. 질투하는 아이 편에 서서 뭔가를 하다 보면 다른 아이에게 오히려 소홀해질 수도 있기 때문이다.

친구들 중에 질투심이 심한 친구가 있어도 신경이 쓰이긴 마찬가지다. 나는 별 생각 없이 한 행동을 트집 잡아서 자신만 홀대했다고 우기기 때문이다. 그럴 때는 질투하는 친구랑 아예 절교를 할까 하는 생각도 들 것이다. 하지만 질투심에 가득 찬 그 친구에 대한 이해를 하지 않고 절교를 선언한다는 건 성급한 행동이다.

질투하는 사람은 응석받이 어린아이와 같다. 아이가 응석을 부린다고 해서 아이를 내다버릴 것인가? 그들은 지금 조금만 더 잘해달라고 부탁하고 있는 것이다.

"형한테는 용돈도 많이 주시면서 저한테는 왜 이렇게 짜세요?"

막내아들이 이렇게 따진다면 엄마는 막내아들이 돈 욕심에 그런다고 생각해서는 안 된다. 아이가 그렇게 말하는 속내는 이렇기 때문이다.

"왜 엄마는 형에게만 잘해주고 예뻐하시고 나는 왜 안 예뻐하세요? 나도 사랑해주세요."

이런 심리를 모르는 엄마는 이렇게 화를 내면서 말할 것이다.

"아니, 이 녀석아! 넌 나이도 어린 게 무슨 용돈을 그렇게 많이 달라는 거냐?"

질투심이 작동하기 시작한다는 건 갈증이 나기 시작했다는 뜻이다. 즉 질투를 한다는 것은 그 마음속에 목마름이 있다는 방증이다. 어떤 목마름인가. 바로 사랑에 대한 목마름이요, 관심에 대한 목마름이다. 사랑받고 싶고 관심받고 싶은데 그렇게 해주는 사람이 없으니 질투가 나는 것이다. 질투를 함으로써 조금이라도 더 자신에게 관심과 사랑이 돌아오리라 기대하는 것이 그들의 심리다. 하지만 질투하는 사람은 도리어 미움받기 십상이다. 그것이 질투의 역효과인 셈이다.

"저 친구는 무슨 질투를 저렇게 하는 거야. 못난 사람 같으니라고."

이렇게 질투하는 사람을 비판하는 것은 오히려 그 사람의 갈증을 더 심하게 만드는 좋지 않은 행동이다. 질투는 못난 사람이 하는 것이 아니라 사랑받고 싶은데 받지 못해서 슬픈 사람들이 하는 마지막 몸부림 중의 하나다.

우리 자신도 되돌아보면 한 번쯤 질투를 했던 사실을 기억해낼 수 있을 것이다. 질투한 그때를 상기해보라. 왜 질투를 했는가? 아마도 상당한 정신적 고립감이 있었을 것이다. 사람은 정신적으로 고독하고 심정적으로 사랑이 고플 때 질투에 빠져들기 쉬운 법이다. 질투한다는 건 그만큼 아프고 외롭다는 뜻이다.

그러므로 질투에 눈먼 사람을 이해해야 한다. 가끔 질투꾼들은 가당치도 않은 이유로 화를 낼 것이다. 자신만 차별한다는 둥, 왜 공정하지 못하게 행동하느냐는 둥 이런 얼토당토않은 비난을 받을 때 기억해야 한다. 이 사람은 지금 고독하고 아픈 환자라는 사실을. 그런 사실을 아는 사람이라면 질투의 화신이 된 사람에게 얼굴을 붉히거나 인상을 쓰지 않게 될 것이다. 그가 질투하는 내용을 가만히 경청해주는 것이 질투하는 사람을 대하는 관용법이다.

'도대체 저 사람은 왜 저런 질투를 하고 있는 거지?'

이런 호기심을 가지고 질투하는 사람이 쏟아내는 불만들을 수용해야 한다. 가만히 듣다 보면 별것도 아닐지도 모른다. 하지만 그 사람

입장에서는 지구가 멸망할 만큼 중차대한 일일 수도 있다. 질투하는 사람에게는 그 일이 그 무엇보다도 시급한 문제이기 때문이다.

질투하는 사람에게는 자신이 부당한 대우를 하지 않았다는 걸 솔직히 말해주는 것이 중요하다. 또한 누군가가 지닌 지적 능력이나 물질적인 것들에 대한 질투의 주인이 바로 자신일 때는 반성하는 면도 지녀야 한다. 누군가에게 질투를 유발했다는 건 겸허하게 살지 못했다는 의미일 수 있기 때문이다.

질투를 유발하는 삶을 살지 말라. 질투에 빠진 사람은 자신의 환경을 최악으로 생각할 우려가 깊다. 그것은 질투가 지닌 유해성이기도 하다. 질투하는 사람을 이해해주자. 그 사람의 고독과 삶에 대한 회의, 사랑받고 싶다는 욕심까지도 모두 이해해주는 아량을 지녀야 한다. 그렇게 할 때 비로소 질투를 일삼으면서 자신의 삶을 허비하던 친구들이 질투는 아무짝에도 쓸모없는 에너지 낭비였다는 걸 깨달을 수 있다.

모함하는 사람

질투심에 사로잡혀서 또는 아무런 이유도 없이 다른 사람을 모함하는 사람들이 있다. 누군가에 대한 악의적인 거짓말이 모함이다. 어느 동네에 이런 소문이 돌았다.

"철수 엄마가 바람을 피운대!"

이 동네에서 철수 엄마를 모르는 사람은 없었다. 그도 그럴 것이 그녀는 동네에 하나뿐인 미용실 원장이기 때문이다. 그래서 소문은 더욱 빠르게 퍼져나갔다. 결국 철수 엄마는 자신에 대한 소문을 알게 되었고 그 동네를 떠나게 되었다. 그녀는 정말 억울했지만 아무도 그녀의 말을 믿어주지 않았다.

"전 바람피우지 않았습니다. 도대체 누가 그런 헛소문을 퍼뜨려서 날 모함하는 건가요?"

분하고 분한 마음에 철수 엄마는 미용실 일도 할 수 없게 되었다. 매일 신경안정제를 먹어도 손이 떨려서 도무지 가위를 들 수가 없었던 것이다. 손님들이 자신을 보는 눈빛이 예전과 다른 것 같기도 했다. 결국 철수 엄마는 미용실 문을 닫았다. 그리고 다른 곳으로 이사를 가기로 했다.

한참 후에 철수 엄마는 자신을 모함한 사람이 누구인지 알게 되었다. 그런데 그 사람과 그녀는 아무런 관계가 없는 사람이었다. 그 사람에게 왜 그런 소문을 냈냐고 따져 물었지만 엉뚱한 소리만 할 뿐이었다.

"내가 언제 그런 말을 했다고 그래?"

모함하는 사람은 자신이 모함한 사실을 숨기려고 한다. 그 이유를 알아차리는 건 쉽다. 떳떳하지가 않기 때문이다. 타인을 모함하는 사람은 자신의 행동이 매우 부적절하다는 걸 감지하고 있는 것이다. 그러면서도 그렇게 하는 까닭은 무엇일까? 왜 죄 없는 사람을 모함하고 그로 인해서 쾌락을 얻는 것일까?

우리가 그들을 이해해야 하는 이유는 그들 역시도 우리와 함께 살아가는 동료들이기 때문이다. 얼핏 보면 **모함하는 이들을 공공의 적으로 인식하기 쉽다. 하지만 세상에 적은 없다. 적이라고 생각되는 이들이 있을 뿐이다.** 모함을 하고 다른 사람에게 해를 끼치는 사람도 적이 아니라 우리와 같은 길을 걸어가는 동료라고 할 수 있는 것이다.

그러므로 우리는 모함하는 사람을 이해해야 한다. 그들이 모함함으로써 얻는 쾌락에 빠져드는 것은 그들의 성(城)이 불완전하기 때문이다. 인간은 살면서 자신들이 만들어온 성에서 즐거움을 느끼고 행복을 찾는다. 그런데 그 성에서 즐겁지 않고 행복하지 않은 사람들이 있다.

과거의 상처, 현재의 무료나 궁핍, 가족의 학대나 방임 등 여러 가지 원인으로 자신의 성에 만족하지 못한 사람들은 타인을 괴롭힘으로써 희열을 느끼려고도 한다. 물론 모두 그런 것은 아니다. 정신적으로 미성숙한 사람들이 그런 부정적인 방법으로 쾌락을 얻으려고 하는 것이다. 어쨌든 그런 사람들이 있다. 그렇다면 그들을 이해하기 위해서는 우리가 그들의 성이 매우 불완전하고 붕괴 직전의 상황이라는 점을 먼저 알아차리는 것이 필요하다.

"멀쩡한 사람이 왜 저래? 다른 사람 모함이나 하고 다니고."

이런 말은 그 사람에 대한 이해가 부족한 사람이 하는 말이다. 타인을 모함하는 사람은 멀쩡한 사람이 아닌 것이다. 그는 위에서 말했듯이 자신의 성이 곧 붕괴될 위험에 처한 사람이다. 위기에 처한 사람이라는 뜻이다.

위기에 처해 있는 사람을 보고 그냥 지나칠 사람은 없다. 그대가 길을 걷다가 가슴을 움켜잡고 쓰러진 심장마비 환자를 발견했다고 하

자. 그냥 지나치겠는가? 분명 그냥 지나치지 않을 것이다. 119에 신고도 하고 심폐소생술도 해보려고 노력할 것이다.

모함하는 사람을 만났을 때도 그러해야 한다. 그는 지금 위급한 환자나 마찬가지다. 그가 거주하고 있는 성이 곧 무너져 내릴 처지이기 때문이다. 그러므로 그대가 받은 모함으로 인한 피해에만 연연하는 태도를 버려야 한다. 대신 모함한 상대방의 고통을 헤아려볼 줄 알아야 한다. 무엇보다 우선시해야 하는 것이 모함하는 상대방의 처지를 진심으로 이해해주는 것이다.

그렇게 하면 모함을 받아서 속상했던 마음이 상당히 풀릴 것이다. 정상적인 상태에서 그런 행동을 한 것이 아니란 걸 알았기 때문이다. 그는 정말 비정상적인 사람이다. 그러므로 **정상적인 그대가 이해해주어야 한다. 이것은 값싼 동정이나 싸구려 연민이 아니다. 지극히 바람직한 이해다. 그리고 모두가 행복해지는 이해법이다.**

비정상적인 사람을 단죄하는 건 형평성에도 어긋난다. 만일 누군가 비정상적인 처지라면 그가 정상적인 삶을 살 수 있도록 도움을 주는 것이 순리다. 그러려면 일단 그가 비정상적인 상태임을 이해해야 한다. 이런 이해가 바로 관용적인 태도다. 관용적으로 산다는 건 끊임없이 이해하면서 산다는 것과 같은 말이다.

무책임한 사람

사람들과 부대끼면서 사는 게 인생이라고 한다. 때론 마음이 통해서 웃고 떠들고, 때론 오해가 생겨서 다투기도 하면서 우리는 사람들과 더불어 살아간다. 이 세상에 오직 나 혼자만 있다고 생각해보자. 얼마나 막막한가. 가족도 있고 이웃도 있고 친구도 있고 더 나아가 인류가 있기에 우리 모두는 기운을 얻어 살아간다. 그런데 이토록 소중해 보이는 사람들이 가끔 속을 뒤집어놓기도 한다. 특히 무책임한 사람이 그러하다.

"무슨 일을 이렇게 성의 없이 해? 책임을 졌으면 끝까지 최선을 다해야지."

오 부장은 이 과장 업무 방식이 영 마뜩잖다. 이 과장은 일만 맡기면 늘 저 모양이다. 책임의식이라고는 쥐꼬리만큼도 없이 무성의하게 일을 처리한다. 그래서 무책임한 이 과장을 볼 때면 속에서 열불이 나는 것이다. 그래서 저도 모르게 이 과장에게는 말을 쏘아붙이게 된다.

이렇게 무책임한 사람은 회사에만 있는 게 아니다. 가정에도 무책임한 사람은 많다. 아들과 딸을 두고 단란한 가정을 이루고 살던 최씨는 어느 날 갑자기 가출을 해버렸다. 사업상 빌린 돈을 갚으라며 사채업자가 채근하자 아내에게도 말하지 않고 집을 나가버린 것이다. 혼자 남은 아내는 무책임한 남편 때문에 생계를 책임져야 한다.

"우리 남편 좀 찾아주세요! 전 이 사람 없으면 못 살아요."

실종자를 찾는다는 전단지를 돌리다가 지구대를 찾은 아내가 실신하듯 쓰러진다.

"곧 돌아오실 겁니다. 진정하세요."

경찰이 그녀를 다독이지만 경찰 역시 속상한 마음을 감출 수가 없다. 그도 가족을 부양하는 가장으로서 이렇게 무책임하게 집을 나간 그 남편을 이해할 수 없는 것이다. 무책임한 사람은 무책임한 처신으로 직접적인 피해를 입힌 사람은 물론이거니와 그걸 지켜보는 제3자에게도 분노를 유발시킨다. 그것은 어쩌면 자연스러운 감정이다.

인간은 고통당하는 사람을 보면 자신도 모르게 감정이입이 되어 간접적으로 고통을 체험하게 된다. 무책임하게 가정을 팽개치고 도망간 남편 때문에 홀로 남겨진 아내가 울부짖는 광경을 보며 같이 속상한 것은 그래서 매우 자연스러운 일이다. 이렇게 사람은 공감의 동물이다. 그렇다면 **왜 책임감이 없는 사람이 생기는 걸까? 그들에게는 어떤 사연이 있는 걸까? 물론 모든 인간의 사연을 다 알 수는 없다. 다만 우리는 포괄적인 시선으로 그들을 이해해줄 수 있다.**

어떤 일에 무책임한 사람은 그 일에 대한 부담을 가졌음에 틀림없다. 즉 회사 일에 무책임한 사람은 애초에 회사 일에 대한 부담을 가졌을 것이고, 가정에 무책임한 사람은 애초에 가정을 책임지는 일에 부담을 느꼈을 것이다. 이런 판단의 근거는 평소 그들의 태도를 보면 알 수 있다.

무책임한 회사원은 자신의 업무가 부담스러워서 평상시에도 표정이 어둡고 일에 대한 의욕도 없다. 무책임한 가장은 가족들이 버거워서 평상시에 가족들에게 다정다감한 태도를 보이지 않는다. 이런 태도는 결국 무책임한 결과로 이어진다. 무책임한 직장인은 결국 회사를 그만두게 되고, 무책임한 가장은 결국 가정을 깨뜨리게 된다.

책임지기 싫다는 건 감당할 자신이 없다는 말과 같다. 그리고 감당하고 싶은 마음이 없다는 말과도 같고, 감당하는 것 자체가 부담스럽다는 말과도 같다. 이런 사람들을 이해하기란 쉽지 않을 것이다. 대부분의 사람들은 책임의식을 가지고 삶을 꾸려가는 선량한 사람들이기 때문이다.

힘들고 어렵지만 책임감을 갖고 가정을 이끌어가고, 머리가 지끈거리고 괴롭지만 직장생활을 열심히 하는 것이 평범한 사람들이다. 그래서 책임져야 할 것들을 책임지기 싫어하면서 직무유기하는 사람들을 보면 누구나 화가 나게 되어 있다.

"저렇게 무책임하게 살다니!"

아기를 버리고 도망간 부모, 회사를 곤궁에 빠뜨리고 나 몰라라 하는 직원, 돈을 빌리고 잠적해버린 친구 등 무책임한 사람들은 공분의 대상이다. 왜 우리는 굳이 이렇게 분노를 불러일으키는 그들을 이해해야만 하는 걸까? 그런 쓰레기 같은 인간을 왜 이해해야만 하는 걸까? 만일 그대가 무책임한 사람 때문에 피해를 입었다면 더욱 그러할 것이다.

"내가 그 인간 때문에 얼마나 고생하고 사는지 알아요? 이해하라고요? 절대 못해요!"

충분히 이렇게 말할 수가 있다. 나도 무책임한 사람 때문에 피해를 당한 적이 있다. 무책임한 사람의 특징은 자신이 무책임하다는 걸 모른다는 것이다. 절대로 그들은 자신의 무책임을 인정하지 않는다. 그래서 주변 사람들이 더 힘들어진다. 마땅히 책임질 일을 책임지지 않는 무책임은 수많은 사람들을 불행에 빠뜨리기도 한다.

무책임한 사람이 원자력발전소에서 일한다고 가정해보자. 그가 무책임하게 일을 한 탓에 원자력발전소가 폭발이라도 한다면? 가히 상상이 불가능할 정도로 엄청난 재앙이 발생할 것이다. 이런 무책임을 사전에 예방할 수 있다면 얼마나 좋겠는가.

무책임한 사람을 이해하는 건 어쩌면 사전 예방조치와도 같을 것이다. 우리가 무책임한 한 인간을 이해하게 되면 우선 우리 마음이 평안해진다. 그래서 조금 더 다른 사람들에게 친절해질 것이고, 결과적으로 서로가 서로를 배려하면서 살게 될 것이다. 그런 화기애애한 사회에서 무책임한 사람은 줄어들 수밖에 없다.

무책임한 행동을 한 사람은 겁이 많은 사람이다. 그가 그토록 무책임하게 행동하는 이면에는 그 일을 감당할 자신감이 결여된 소심한 자아가 있다. 우리는 그런 그들을 이해해주어야 한다. 그렇게 함으로써 우리에게 내재된 인간에 대한 분노를 다스릴 수 있다. 그리고 증오에 얽매이지 않는 자유로운 삶을 살 수 있다.

무책임한 사람 때문에 속상한가? 그렇다면 지금 당장 그 사람을 이해하라. 그는 그 일을 감당하기에 많이 부족한 사람이었다. 그런 그가 그 일을 하려고 지금까지 발버둥치면서 살아온 것만도 어쩌면 자신에게는 가혹한 일이었는지도 모른다. 그런 점을 너그럽게 이해하라. 무책임한 행동만 보지 말고 그 행동을 유발한 원인을 관찰하는 것이 이해의 출발점이다.

그리고 그러한 이해를 바탕으로 그에게 용서를 베풀어라. 무책임하게 도망간 사람도, 무책임하게 일처리를 해서 내게 불이익을 안긴 사람도, 무책임하게 오리발을 내미는 사람도 모두 기꺼이 용서해주어라. 그렇게 할 때 비로소 무책임한 사람은 자신이 얼마나 잘못했는지 깨달을 기회를 얻게 될 것이다. 나의 잘못을 깨닫는 계기는 누군가가 진실로 나를 염려해주고 사랑해줄 때라는 것을 명심하자.

PART

3
조건 없이
관용하기

ANCE

햇살이 무척 그리운 날이다. 흐린 날씨에 언제 또 비가 내릴지 모르는 어두침침한 마당에서 한참 동안 하늘을 올려다봤다. 아침 일찍 마당에 선 나의 목적은 빨래를 널기 위함이었다. "비가 내리면 빨래를 다시 걷어야 할 것이야." 혼잣말을 하며 젖은 옷가지를 건조대에 널면서, 나는 오늘 이 시간 역시도 찰나에 불과하다는 깨달음에 고개를 끄덕였다. 그렇다. 오늘 이 순간은 영겁의 시간 속 아주 잠시의 순간이다. 이 순간에 우리는 저마다의 삶 속에서 각자에게 부여된 문제를 풀면서 나름대로 최선을 다해 살아가고 있다.

뉴스를 보다 보면 사고 소식이 많다. 교통사고로 일가족이 사망한 사건, 화재로 주택이 전소된 사건, 원한관계로 인한 살인사건 등. 이런 사건 사고 소식들을 들을 때마다 사람들은 남의 일이 아닌 것 같은 느낌을 받는다. 언제 자신에게도 그런 일들이 벌어질지 도무지 예측할 수 없는 것이 인생이기 때문이다. **영겁의 시간 속에 찰나를 살아가는 우리들은 한 치 앞도 알 수 없는 미미한 생명체이기도 하다. 그런 면에서 사건 사고를 겪었을 때 어떻게 대처하느냐는 매우 의미심장하다.**

삶은 헤아릴 수 없이 많은 사건 사고의 연속이다. 이런 사건 사고는 사람에 대한 원한을 품게 만드는 주요인이 될 수 있다. 대체로 사람들은 어떤 일을 계기로 다른 사람에게 원한을 가지게 되는데 그 일이란 것이 바로 각종 사건 사고다. 다른 사람 때문에 내가, 내 가족이, 내 연인이 교통사고를 당했다고 해보자. 사고를 일으킨 상대방에 대한 원망이 들 수밖에 없을 것이다.

여기에 평범한 직장인이 있다. 그는 두 자녀와 아내와 함께 단란한 가정을 꾸리며 행복하게 살아가고 있었다. 그런데 어느 날, 그의 아내가 시장에 다녀오던 길에 뺑소니 사고를 당했다. 그의 아내는 하루아침에 아무것도 못하는 식물인간이 되어버렸다. 그는 뺑소니범을 증오하면서 다니던 직장마저 그만두고 범인을 잡기 위해 동분서주했다.

아버지가 직장도 그만두고 그렇게 뺑소니범에 전적으로 매달리면서 두 자녀는 생활고에 시달리게 되었다. 결국 자녀들은 학교를 그만두고 방황하다가 가출하고 말았다. 원한은 원한을 가중시키고 그 피해를 고스란히 자신이 받게 된다. 그가 뺑소니범에 대한 원한을 거두기 위해서 관용해야 하는 것은 위기에 처한 가정을 위해서도 절실한 선택이다.

사고 하면 생각나는 것이 있다. 어린 시절 동네 언니들이 마을 방죽에서 수영을 하다가 벌어진 일이었다. 여름방학 때쯤이었을 것이다. 마을 뒤편에 방죽이 있는데 그곳에서 언니들이 수영을 하다가 두 명이 수영 미숙으로 물에 빠져 숨졌다. 그때 나는 의식을 잃고 쓰러진 그 언니들을 어른들이 등에 업고 병원으로 뛰어가는 모습을 목격했다.

무려 30여 년 전의 일이지만 지금도 기억이 생생하다. 축 늘어진 언니들을 업고 황급히 내리막길을 달려가던 어른들. 그 모습을 지켜보던 어린 소녀였던 나는 어느덧 중년이 되었다. 나는 그 언니들보다 무려 30여 년을 더 살아왔다. 바로 엊그제 일처럼 생생한데 벌써 30여 년이 흐른 것이다. 산 자와 죽은 자의 간격이 가끔은 이렇게 너무나 가까워서 가슴이 아프다.

사고는 그렇게 한순간에 누군가의 목숨을 앗아간다. 그런데 사고에는 반드시 원인이 있기 마련이다. 만약 가족 중 한 사람이 누군가의 고의적인 과실로 인해 숨졌다면 어떨까? 혹은 여러분이 그런 피해자로서 평생 불편한 몸으로 살아가야 한다면 어떨까? 육체적인 사고만 사고는 아니다. 정신적으로 공격받아서 평생 씻을 수 없는 상처를 지닌 채 가슴앓이하면서 살아가는 경우도 있다. 이럴 때 사람들은 이렇게 말한다.

"난 가슴에 한이 맺혔어."

원한을 가지는 시점부터 여러분의 삶은 지옥과 같아질 것이다. 누구라도 원한을 가지고 산다면 절대로 인생의 즐거움을 온전히 누릴 수 없다. 사고 유발자에 대한 강력한 분노가 바로 원한이다. 그런데 이 원한이 가장 두려워하는 것이 있다. 바로 관용이다.

원한은 계속 유약한 인간 속에 머물면서 그 인간의 착하고 너그러운 심성을 갉아먹으며 살고 싶어 한다. 그래서 결국 과도한 스트레스에 시달린 인간을 병에 걸리게 하고 심지어 죽음에 이르게 한다. 그것이 원한이 궁극적으로 원하는 바이다. 그런 **원한에게 가장 두려운 적은 바로 관용이다. 인간은 관용하게 될 때 비로소 자신을 짓누르던 원한으로부터 벗어날 수 있다.**

우리가 관용할 때 이루는 첫 번째 기적은 바로 원한이 사라지는 기적이다. 관용했을 뿐인데 그토록 미워하던 사람이 더 이상 머리에 떠오르지 않는 것이다. 용서하고 사랑하고 이해하는 관용이 어떻게 원한을 사라지게 하는 것일까? 그 원리는 단순하다. 사랑과 용서, 이해가 도저히 받아들일 수 없었던 타인의 죄를 용납하게 만들어주기 때문이다.

'갑'이라는 사람에게 자신의 소중한 가족을 죽게 만든 원수가 있다고 가정해보자. '갑'은 수십 년 동안 그 사람을 원망하고 미워하면서 엄청나게 커진 원한 덩어리를 지니고 살아왔다. 그래서 무척이나 힘들었다. 신경성 위염에 탈모까지 생겼고 불면증으로 잠을 이루지 못했다. 밤이나 낮이나 그 인간을 생각하면서 저주하느라 힘들고 괴로웠다.

"나쁜 인간, 내 가족을 죽음에 이르게 하고 네가 편안히 살 것 같으냐. 내가 평생 널 저주할 거야."

이러면서 수십 년을 살아온 결과는 어땠을까? 정작 죄를 지은 그 사람은 법의 심판을 받아 형을 살고 나와서 오히려 두 발 뻗고 잘 자고 잘 먹고 잘 살고 있다. 그런데 그 사람을 저주하면서 원한을 품고 살아온 '갑'은 각종 신경성 질환에 걸려 오히려 더 많이 고통받고 있는 중이다. 관용은 이런 사람들에게 기적을 일으켜준다. 관용함으로써 이 모든 고통으로부터 해방될 수 있는 것이다.

참담한 일을 겪었다고 해도 누군가를 원망하지 말아야 한다. 칼을 겨눈 사람도 진심으로 깨끗이 용서하라. 정신적인 학대를 가한 사람도 결코 미워하지 말라. 오히려 그들을 사랑하는 마음을 지녀야 한다. 그들에게 증오 대신 사랑을 보내라. 그렇게 한다면 원한에 사무쳐 소중한 인생을 비관하는 불행을 겪지는 않을 것이다.

삶의 경이로움을
체험할 수 있어

철수는 관용과 담을 쌓고 살아가고 있었다. 그는 절대로 다른 사람을 관용하지 않았다. 솔직히 말해 관용이 뭔지도 몰랐다. 옆집 사람이 조금만 시끄럽게 굴어도 그의 발은 옆집 현관 앞으로 달음질쳤다.

"이 몰상식한 인간아! 왜 이렇게 시끄럽게 하는 거야?"

옆집 사람은 자신이 그렇게 크게 떠들지 않았음을 알기에 항변한다.

"아니 내가 언제 떠들었다고 그래? 이 사람이 죄 없는 사람한테 지금 뭐 하자는 거야?"

그러면 관용이라고는 눈곱만큼도 없는 철수는 씩씩거리면서 현관문을 걷어차고 화를 낸다.

"한 번만 더 그러면 이 문을 부숴버릴 거야!"

그 말을 들은 옆집 사람은 기가 막힌다. 다행히 멱살잡이는 일어나지 않았지만 그 후로 철수는 아파트 주민들에게 성질 나쁜 인간으로 낙인찍혔다. 엘리베이터를 타면 사람들은 그를 피하고 수군거리곤 했다. 철수는 관용이 없이 사는 것에 이골이 나 있었지만 한편으로는 관용하지 않고 산다는 것이 그리 행복한 일이 아니라는 걸 어렴풋이 깨달았다.

그가 다른 사람들에게 갖가지 구실을 붙여 화내고 언성을 높일 때 그에게 삶은 하수구와 같았다. 반면 그 시간에 관용으로 사람들을 품어 안은 이들은 아름다운 풍경을 보면서 가족들과 즐거운 나들이를 하고 있었다. 철수가 매사에 불평 불만을 쏟아놓으면서 노이로제에 걸려 괴로워하는 사이에 관용인들은 편안한 마음으로 서로 교제하면서 우정을 나누고 있었다. 이렇게 철수처럼 **관용을 하지 않는 사람의 삶은 메마르고 삭막할 수밖에 없다. 관용을 배제한 삶은 언제나 급박한 전쟁터와 같기 때문이다.**

상대방을 죽이지 않으면 내가 죽는다는 마음으로 사는 것이 관용을 하지 않는 사람의 삶이다. 그런 이에게 산천에 흐드러지게 핀 꽃들은 그저 귀찮은 식물에 지나지 않는다. 그들에게는 자연의 아름다움을 제대로 음미할 마음의 여유가 없기 때문이다. 그의 머릿속에는 오직 단죄, 보복, 비난, 불평, 이기심 등이 자리잡고 있기 때문이다.

다른 사람들을 사랑하고 이해하고 용서하지 않는 사람은 자신의 삶에 주어진 경이로움을 체험할 수 없다. 이렇게 삶의 경이로움을 체험하지 못한다면 모든 면에서 만족감을 느낄 수가 없다. 결국 관용하지 않는 사람은 삶이 주는 긍정적인 선물을 받을 기회조차 스스로 박탈하는 셈인 것이다.

반대로 나를 사랑하듯 상대방을 사랑하며 산다는 마음으로 사는 관용인들에게는 삶의 경이로움을 체험하는 기적이 일어난다. 왜 그럴까? 그들의 사고방식이 이미 어떤 것에도 구애받지 않고 충분히 자유롭게 인생을 탐험할 수 있게 만들었기 때문이다. 관용하는 사람은 사랑하고 이해하고 용서함으로써 삶이 만들어내는 경이로움을 100퍼센트 경험할 수 있게 되는 것이다.

불평하거나 비난하거나 보복할 생각이 없으므로 사고에 막힘이 없다. 미워하거나 원망하지 않으므로 자신이 할 일에 쏟을 에너지를 헛되이 소모하지도 않는다. 그런 것이 관용하는 사람들의 특징이자 장점이다.

계절마다 바뀌는 자연을 보면 얼마나 이 세상이 경이롭고 아름다운지 알 수 있다. 자연만 그러한 것은 아니다. 인간의 삶 또한 말로 형용할 수 없을 정도로 경이롭다. 관용하게 되면 다른 사람에 대한 색안경이 벗겨진다. 그래서 종전에는 볼 수 없었던 좋은 점들이 더욱더 잘 보이게 된다. 그래서 더욱 관계가 돈독해지는 것이다.

관용하지 않는다면 절대로 알 수 없었던 상대방의 숨겨진 장점을 알게 되는 것은 기적이다. 그것이 삶의 경이로움이 아니고 무엇이겠는가. 관용하지 않았다면 절대로 몰랐을 생명의 소중함, 인연의 소중함, 살아 있음에 대한 감사함, 그런 것들을 깨닫는 것이 얼마나 경이로운 일인가.

경이로운 삶을 모두 체험하기에는 우리의 인생이 너무 짧다. 100년도 채 살지 못하는 삶을 언제까지 비관용적인 태도로 살면서 허비할 것인가. 다른 사람에 대한 사랑 부족, 이해 부족, 용서 부족이 바로 관용이 부족한 상태라는 신호다. **관용이 모자라면 삶이 주는 경이로움을 체험할 수가 없다. 미워하느라, 단점을 분석하느라, 원망하느라 소중한 시간을 낭비하지 말라. 삶의 경이로움을 체험하는 기적은 관용으로써만 가능한 일이다.**

누가 사랑하지 않으면서 삶의 경이로움을 느낄 수 있단 말인가? 누가 이해하지 않으면서 삶의 경이로움을 만끽할 수 있단 말인가? 누가 용서하지 않으면서 삶의 경이로움에 다가갈 수 있단 말인가? 관용을 하지 않는 사람은 결코 삶의 경이로움을 누릴 수 없는 것이다.

미래를
낙관할 수 있어

열아홉 살의 나는 이미 수년 전 고향을 떠나 서울에서 힘겨운 생활을 하고 있었다. 어느 날, 길거리를 힘없이 걸어가고 있었다. 얼굴은 거의 해골 수준이었고 몸은 야윌 대로 야위었다. 몸이 많이 아팠기 때문이다. 그런데 길거리에 좌판을 벌여놓고 사주며 운세를 보던 할아버지가 나를 매우 다급하게 부르는 것이었다.

"아가씨, 잠시만 이리 와봐요!"

그 순간, 난 그 사람이 왜 날 부르는지 벌써 눈치를 챘다. 내 몰골이 거의 죽기 직전의 모습이었기 때문이다. 나는 그 자리에서 바로 무덤으로 직행해도 이상하지 않을 만큼 심신이 망가져 있었다. 아마도 그는 날 불러서 내 운세가 지금 매우 위험하다는 걸 경고해주려던 게

틀림없었다.

"당신은 지금 좋지 않은 운에 처해 있어요. 까딱하다가는 죽을 수도 있어요."

아마도 그는 이런 말을 내게 하려고 했을 것이다. 난 그 순간 빛의 속도로 선택을 했다. 저 사람에게 가서 내 운명이 지금 매우 위태롭다는 이야기를 듣고 절망스러움을 느낄까? 아니면 저 사람을 무시하고 지나쳐 갈 것인가? 난 두 번째 선택을 했다. 내가 모른 척하고 지나치자 그는 안타까움을 드러내며 낮은 탄식을 내뱉었다.

"에고, 그냥 가면 어쩌나. 쯧쯧."

그가 보기에 내가 무척이나 가여웠던 모양이었다. 그 시절의 나는 엄청나게 어려운 일들을 겪었다. 흔히 말하는 아홉수에 제대로 걸린 것이라고 해석해도 무방할 정도로 재수 없는 일들이 많이 생겼다. 건강도 안 좋아서 매일 골골거렸다. 하지만 나는 미래를 낙관할 수 있었다.

모든 면에서 불행했던 내가 미래를 낙관하는 기적을 얻게 된 첫 번째 요인은 나 자신이 충분히 이 상황을 헤쳐 나갈 수 있으리라는 믿음이었다. 나는 나를 믿고 사랑했던 것이다. 두 번째 요인은 나를 여러 가지 위험에 처하게 한 그 누군가를 원망하지 않고 마음 깊이 용서했기 때문이었다. 나는 나에게 손해를 끼친 사람을 미워하지 않았다. 그렇게 함으로써 스스로를 지킬 수 있는 힘을 기를 수 있었다. 관용했기 때문에 미래를 낙관할 수 있었던 것이다.

우리는 언제나 미래를 낙관하면서 살기를 바라지만 실상은 그렇지 못하다. 그 까닭에 대해서 생각해본 적이 있는가? 미래를 낙관하면서 즐겁게 살고 싶은데 왜 그렇게 살지 못하는지 한 번이라도 진지하게 고심해본 적이 있다면 아마도 이런 결과를 얻었을 것이다. **우리가 미래를 항상 낙관하지 못하는 이유는 관용하지 못했기 때문이다. 즉 사람은 관용을 하고서야 비로소 미래를 낙관하는 삶을 살 수 있다는 의미다.**

왜 관용이 미래에 대한 지속적인 낙관을 가능하게 만드는 열쇠가 될까? 그 이유는 명확하다. 관용을 하면 자신의 과거, 현재, 미래에 대해 부정적인 생각을 할 여지가 사라지기 때문이다. 사람이 자신의 과거와 현재, 미래를 부정적으로 생각하는 건 사람이나 사건을 이해하지 못했기 때문이다. 또한 자신의 인생을 사랑하는 마음이 결여되었기 때문이고, 용서라는 대승적인 결단을 내리지 못했기 때문이다. 바꿔 말하면 관용을 하면 이런 모든 문제들이 일시에 말끔히 해결됨으로써 미래에 대해서 걱정할 필요성을 느끼지 않게 된다는 뜻이다.

오늘 내게 아무런 고민이 없는데 미래가 왜 걱정되겠는가? 오늘 내게 과거에 대한 원망이 없는데 왜 미래가 부정적으로 예측되겠는가? 오늘 내가 다른 사람을 사랑하고 있고 나에게 벌어진 일들을 충분히 이해하고 나 자신을 사랑하고 모든 문제들을 긍정적으로 수용하는데 왜 미래가 불안하겠는가?

미래를 낙관할 수 있는 뿌리는 바로 관용이다. 관용을 하면 미래를 낙관하는 기적이 일어나는 것이다. 그러므로 여러분은 충분히 관용해야 한다. 미래에 대해 불안한 마음을 지니고 사는 것은 언제 터질지 모르는 시한폭탄을 가슴에 안고 잠드는 것과 같다. 그런 상태로는 무엇을 해도 편치 않을뿐더러 만족할 수도 없으며 만족할 만한 성과를 얻기도 어렵다.

날마다 미래를 걱정하면서 사는 사람이 있었다. 그 사람의 이름은 토머스. 토머스에게 내일은 엄청난 불행을 예고하는 두려운 시간일 뿐이다. 그래서 그는 내일이 오는 게 무서웠다.

"내일 비가 온다는데 출근하다가 벼락에 맞아 죽으면 어쩌지?"

토머스는 일기예보를 듣다가 이런 걱정을 했다. 그 말을 들은 아내가 어처구니없다는 표정을 지었다.

"당신은 정말 쓸데없는 걱정을 하네요. 난 비가 온다니까 좋기만 하구먼."

정말 토머스에게 그 걱정은 쓸데없는 것이었을까? 아니다. 토머스에게는 정말 곧 닥칠지 모르는 현실과도 같은 걱정이었을 것이다. 왜냐하면 그는 미래를 낙관할 줄 모르는 사람이기 때문이다.

토머스의 걱정의 뿌리를 들여다보자. 토머스가 미래에 대해 부정적으로 생각하게 된 까닭은 자신의 능력을 불신하고 있기 때문이다. 즉 그는 자기 자신을 관용하지 못했던 것이다. 그래서 그는 내일이 두려웠고 심지어 벼락에 맞아 죽을지도 모른다는 두려움까지 가지게 된 것이다.

자기 자신에 대한 사랑과 믿음도 관용이라는 것을 기억하라. **미래를 낙관하는 기적을 선물 받으려면 자기 자신을 포함한 모든 존재들을 사랑하고 이해하고 또한 너그럽게 용납해야 한다.**

초월에
이르게 돼

붉은 철쭉이 흐드러지게 피어 있는 길을 걸었다. 술에 얼큰하게 취한 누군가가 포도주를 확 뿌려놓은 것처럼 철쭉은 아름다웠다. 화창하게 갠 하늘에는 밝은 태양이 뿜어내는 봄 햇살이 가득했다. 철쭉은 너무나 붉어서 보는 이의 마음을 시리게 만들 정도였다. 마치 핏빛 융단처럼 길게 깔린 철쭉밭 앞에서 나는 한참을 머물렀다. 이렇게 아름다운 풍경을 보는 것이 얼마나 감사한 일인지 새삼 깨닫게 되는 시간이었다.

"정말 예쁘다!"

그러나 내가 그렇게 말하면서 철쭉밭 앞에 서서 한참을 머무는 동안 10여 명의 행인들은 철쭉에 눈길 한번 주지 않고 무심히 지나쳤다.

우리는 절정에 있을 때 자신이 절정에 있다는 걸 모르고 지나치곤 한다. 절정의 시간에 있는 동안 너무나 많은 고통을 겪어야 하기 때문이다.

그것이 무엇이든 화려하고 아름다울수록 더 심한 견제와 불이익이 있다. 꽃도 마찬가지다. 철쭉꽃이 흐드러지게 피어 있는 동안에는 그렇지 않았을 때보다 더 많은 벌레들이 날아든다. 그건 어쩌면 당연한 현상일 게다. 누가 피지 않은 철쭉을 탐하겠는가? 사람도 마찬가지라는 생각이다. 인간에게도 시기와 질투, 말도 안 되는 모함을 겪는 시기가 있다. 그때 대처하는 자세가 한 인간의 평생을 좌우한다고 해도 좋을 것이다.

만약 그대가 얼토당토않은 소문의 희생양이라고 생각한다면 그것은 잘못된 생각이다. 그대가 희생양이라고 생각하는 것 자체가 자신을 오히려 불행의 늪으로 내모는 행위다. 그러니 그대가 시기와 질투, 말도 안 되는 모함 등으로 괴롭다면 마음자세를 되돌아볼 시간이다.

자신에게 벌어진 일들을 충분히 이해하고 있는지, 자신을 괴롭게 만든 사람을 진심으로 사랑하겠다고 다짐했는지, 또한 자신을 괴롭히는 상대방을 용서했는지 되돌아보는 것이다.

관용으로 그대의 상황을 해결해가지 않으면 절대로 안정을 되찾을 수 없다는 사실을 기억하라. 향기롭고 아름다운 꽃일수록 많은 벌레들이 꼬이기 마련이다. 지금 그대가 시련을 겪는다면 그대는 향기롭고 아름다운 시절을 지나가고 있는 중인 것이다. 어려운 시기일수록 오히려 자신의 처지를 감사해야 하는 이유가 여기에 있다.

관용을 하면 인간은 초월에 이르는 기적을 얻게 된다. 초월이란 무엇인가? 삶과 죽음, 기쁨과 슬픔, 분노와 평온 이 모든 것들에 대한 완벽한 이해와 평정이다. 살아 있음과 죽어감에 대해 완벽히 이해하고, 어떤 문제가 생겼을 때 평정을 유지할 수 있게 하는 것이 초월인 것이다. 이런 초월이야말로 인간을 가장 인간답게 만드는 요소가 아니겠는가.

관용은 우리를 이런 초월의 경지에 다다르게 해준다. 올바른 방법으로 우리가 관용을 하게 되면 삶과 죽음, 기쁨과 슬픔, 분노와 평온, 이성과 혼란, 무지와 지혜 등 모든 극과 극의 요소를 완벽하게 이해하고 평정심을 유지하며 대응할 수 있게 되는 것이다.

왜 인간은 초월을 필요로 할까? 만일 우리가 초월의 경지에 이르지 못하고 삶을 살아가야 한다면 많은 난관에 봉착할 수밖에 없다. 먼저 우리는 날마다 삶과 죽음과 마주쳐야 하므로 수시로 혼란에 빠지게 된다. 하루하루를 버티는 것이 지옥에서 보내는 한나절보다 더 고통스러울 수도 있으며, 죽음을 접하게 되면 극심한 공포와 불안에 시달릴 것이다.

"친구가 죽었어. 난 어떻게 해? 도저히 받아들일 수가 없어."

"내가 시한부 병에 걸렸다고? 절대 안 돼. 난 죽기 싫어."

초월하지 못하는 사람은 이렇게 말할 수밖에 없다. 죽음을 완벽하게 이해하지 못하고 죽음 때문에 벌어지는 상황에서 평정을 유지할 수 없기 때문이다. 초월은 죽음 때문에 벌어지는 모든 두려움을 잠재워준다. 또한 초월하지 못한다면 기쁨에 휩쓸려서 자칫 환락에 빠질 수 있으며, 슬픔에 휩쓸려서 자칫 자기연민에 빠지기 쉽다. 분노를 완벽하게 이해하거나 평정하지 못하기 때문에 사건 사고를 일으키기 쉽고, 평온에 대한 완벽한 이해와 평정이 없으므로 평온함 자체를 즐기지 못하게 될 것이다.

이처럼 초월은 사람에게 사람다움을 부여하는 필수 요소다. 또한 우리가 그토록 갈망하는 행복한 삶의 필수 요소다. 그러한 초월을 얻게 되는 비결이 바로 관용이다.

아픔을
치유하게 되지

20대 직장인 최 양은 얼마 전부터 지독한 두통에 시달렸다. 오랜 망설임 끝에 병원을 찾았으나 뚜렷한 원인을 알 수 없었다. 뇌종양이 아닐까 걱정했지만 그것도 아니었다. 가만히 생각해보니 새로 입사한 후배 김 양과 트러블이 생긴 후부터 두통이 시작된 것 같았다.

"맞아, 그때부터 이렇게 머리가 아프기 시작했어."

그래서 최 양은 자신의 태도를 바꾸기로 했다. 자신보다 얼굴도 예쁘고 상냥하고 싹싹해서 인기가 많은 김 양을 은근히 시기하고 질투했던 자신을 반성했다. 그리고 별것 아닌 일로 김 양을 닦달하던 행위도 그만두었다. 두 살 아래인 김 양을 동생처럼 아끼고 사랑하는 마음으로 대하기 시작했다. 그랬더니 언젠가부터 두통이 말끔히 사라진 것이었다. 이 일은 실화다. 우리는 이와 비슷한 경험을 한 사람들의 이야기를 들을 수 있다.

"화를 덜 내고 좋은 생각을 많이 했더니 20년 동안 날 괴롭히던 편두통이 사라졌어."

"남편을 미워하던 마음을 접고 내 남편이어서 고맙다는 마음으로 대하고 살았더니 심장이 두근거리던 증상이 나았어."

이렇게 관용을 했더니 아픔이 치유되었다는 체험담이 여기저기에서 들린다. 왜 관용은 병에 걸린 사람마저도 낫게 만드는 걸까? **겉으로 보이는 것이 다가 아니다. 그 이면을 보아야 진짜 모습을 관찰할 수 있는 법이다.** 관용을 제대로 알려면 관용이 없는 사람의 일상을 잠시 들여다보면 그 해답을 찾을 수 있다.

항상 신경이 곤두선 채 생활하는 박 영감의 일상을 따라가보자. 박 영감이 사는 곳은 100여 세대가 모여 사는 작은 아파트 단지다. 그는 굉장한 사명감을 지닌 듯 아파트 주변에 떨어진 쓰레기들을 줍곤 한다. 그런데 거기서 그치는 것이 아니다. 누가 실수로 과자봉지 하나를 떨어뜨려도 불같이 화를 낸다.

"여기가 쓰레기장이야? 어디서 과자봉지를 함부로 버려? 내가 열심히 주우면 뭐 하냐고, 당신 같은 사람이 자꾸 버리는데."

박 영감은 그렇게 잔소리하고 훈계하느라 하루해를 다 보냈다. 아무도 박 영감을 좋아하지 않았다. 아파트 사람은 물론이거니와 마트 주인, 경찰, 미용실 원장, 심지어 동네 개도 박 영감 곁에 가기를 꺼려했다. 그는 전혀 관용이 없는 얼음장 같은 노인네였기 때문이다. 누군가 티끌만 한 실수라도 하면 박 영감은 맛있는 먹잇감에 달려든 성난 야생동물처럼 굴었다. 그런 박 영감이 뇌출혈로 쓰러졌다. 쓰러지기 전에도 박 영감은 아파트에 사는 열 살 꼬마에게 성질을 내고 있었다.

"내가 아이스크림 먹고 쓰레기 여기다 버리지 말라고 했지? 왜 이렇게 말귀를 못 알아들어. 너 바보야?"

이렇게 아이에게 성질을 부리고 있을 때 그 아이 부모가 나타나서 대판 큰 싸움으로 번진 것이다. 박 영감은 화를 주체하지 못하고 악을 쓰다가 그 자리에 고꾸라졌다. 바로 뇌혈관이 터진 것이다. 관용이 없는 사람에게는 없던 병도 생기기 쉽다. 비관용적인 태도로 살아가는 사람의 신경은 늘 긴장되어 있고 과도한 스트레스 때문에 몸 여기저기가 고장 날 가능성이 크기 때문이다.

그러나 반대로 **관용이 넘치는 사람에게는 있던 병도 치유되는 기적이 일어난다. 신은 우리에게 관용으로 병을 치유할 수 있는 능력을 주셨다. 그대가 지금 어딘가 아프다면 관용이 부족한 삶을 살아오지는 않았는지 자문해보라.** 나는 매일 나에게 묻는다.

"관용하고 있는가?"

이 물음은 스스로를 건강하게 하는 보약과도 같은 말이다. 요즘 건강보조식품이 많이 팔리고 있다. 위에 좋고 눈에 좋고 심장에 좋고 갱년기 증상에 좋고 전립선에 좋고 등등. 뭐에 좋은 건강보조식품이라면서 서로 판촉 경쟁을 한다. 그런데 가장 좋은 건강보조식품, 아니 건강에 좋은 약이 관용이라는 것을 알려주는 사람은 한 명도 없다. 나는 여러분에게 확성기를 대고 소리쳐 말해주고 싶다.

"건강에 좋은 관용을 하세요. 무료입니다."

관용을 한다면 건강이 좋아질 것이다. 왜? 일단 마음이 불안해지지 않을 것이고 언제나 밝고 행복한 마음으로 살아갈 수 있기 때문이다. 그 어떤 건강식품이나 약보다 관용은 가장 빨리 병든 부분에 우선적으로 작용하는 기적의 치료제이다.

오랫동안 두통에 시달렸다면 이제부터라도 관용이 가득한 삶을 살아가도록 하라. 오랫동안 불면증에 시달렸다면 더 늦기 전에 지금부터라도 관용하면서 살아라. 존재에 대한 이해와 용서, 사랑이 가득한 관용이 아픈 곳을 어루만져주고 치유해줄 것이다.

상대적 개념의
패착에서 벗어나

음식을 먹으면서 사람들은 둘 중 하나를 생각한다. '맛있다.' 혹은 '맛없다.' 물건을 살 때도 그렇다. '비싸다.' '싸다.' 사람을 보면서도 이런 생각을 한다. '좋은 사람이군.' '나쁜 사람이야.' 자신의 미래에 대해서도 이렇게 그려본다. '난 성공할 거야.' '아니, 난 실패할 거야.'

이렇게 상대적인 개념으로 세계를 분석하다 보면 결국 스스로를 몰락에 이르게 하는 패착에 빠지게 된다. 왜 그럴까? 둘 중 하나라는 이런 이분법식 사고의 결말은 언제나 그렇듯 불행이다. 그 까닭은 여러 가지 가능성을 선택할 수 없다는 것과 여러 가지 면을 발견할 수 없다는 데에 있다.

어떤 사람이 지인으로부터 누군가를 소개받았는데 그 사람에 대해 생각하는 것이 상대적인 개념에 입각한 것이라면 이럴 것이다. '이 사람은 이용가치가 있어.' 혹은 '이 사람은 이용가치가 없어.' 이런 식의 상대적 개념의 관계 만들기는 서로에게 상처를 주고 끝날 가능성이 많다. 사람이란 한두 가지 성질만 지닌 단순한 존재가 아니기 때문이다.

겉보기에 화가 많은 사람의 내면에는 온순한 면도 있고 아둔한 면도 있고 어린아이 같은 천진한 면도 있는 법이다. 그래서 한 가지 면을 보고 그 사람의 전체를 서둘러 단정짓는 건 크게 실수하는 것이다. 특히 상대적 개념이라는 패착에 빠지면 세상을 보는 시야가 좁아진다. 그것은 곧 인간관계의 단절로 이어진다.

관용은 이런 상대적 개념의 패착으로부터 인간을 구하는 실제적인 가치다. 우리가 관용할 때는 수많은 기적이 일어난다. 그 수많은 기적 중 하나가 바로 상대적 개념의 패착으로부터 벗어나게 되는 것이다. 사람을 가장 중요하게 여기는 마음이 관용의 출발이다. 그리고 그 사람의 전체를 보겠다는 마음을 지니는 것이 관용의 실천이다.

좋은 사람이 아니면 나쁜 사람이라는 섣부른 판단이야말로 얼마나 위험한 것인가. 생각해보라. 그대를 어떤 사람이 "저 사람은 이런 점이 서투르니까 멍청한 인간이야."라고 단정짓고 있다면 얼마나 억울한 일이겠는가. 그대는 그 사람에게 이렇게 하소연하고 싶을 것이다.

"나라는 사람에 대해 당신이 얼마나 많이 알고 있다고 섣부르게 그런 판단을 내리는 건가요? 난 알고 보면 괜찮은 사람이에요!"

그렇다. 모든 사람은 알고 보면 괜찮은 사람들이다. 이 점을 늘 유념해야 한다. 또한 그런 마음가짐으로 사람들과 교제해야 한다. 그 무엇보다 사람이 우선이라는 개념을 가지고 살아야 한다. 최근에는 물질만능주의가 너무나 팽배해서 사고가 일어나도 손실을 따지느라 정작 사고 수습은 뒷전으로 밀리는 경우가 많아지고 있다. 이것은 사람이 최우선이라는 개념을 가지지 못한 자들의 행태다. 무엇보다 사람이 최우선이고 돈이나 물질은 그다음이어야 한다. 돈이 없는 사람은 가까이해서는 안 될 사람이라고 생각하는 것도 상대적 개념의 패착이라고 볼 수 있다.

가진 돈이 많고 적음을 기준으로 사람을 분류해놓고 그들을 대하는 태도가 달라지는 사람이 있다. 공무원인 철수 씨가 그런 사람이다. 그는 시청에서 일하는 공무원이다. 그런데 그가 민원인들을 대하는 태도는 천차만별이었다. 어느 날 허름한 옷차림의 노인이 시청에 들어섰다. 한눈에 봐도 그의 행색은 초라했고 더러웠다. 철수 씨가 인상을 찌푸렸다.

"이봐, 젊은 양반. 이번 장맛비로 우리 집이 침수되었어. 어디에서 도움을 청해야 하는가?"

노인이 그에게 물었다. 철수 씨는 여전히 인상을 찌푸리면서 턱으로 담당 공무원을 가르쳐주었다.

"저쪽으로 가보세요."

"고맙네, 젊은이."

그래도 노인은 고맙다면서 불편한 걸음걸이로 담당자 쪽으로 걸어갔다. 철수 씨가 이렇게 민원인들을 차별하는 것은 이미 사람들 사이에 공공연히 알려진 사실이었다. 그는 자신이 상대적 개념의 패착에 빠졌다는 것을 전혀 인식하지 못한 상태다. 돈이 있는 사람은 친절하게 대해야 할 가치가 있고 돈이 없는 가난한 사람은 불친절하게 대해도 된다는 상대적 개념이 자신도 모르는 사이에 가치관에 깊숙이 뿌리내린 것을 그는 모르고 있는 것이다.

저 여자는 예쁘니까 잘해주고 저 여자는 못생겼으니까 함부로 대해도 된다. 저 남자는 돈이 많고 직업도 좋으니까 친절하게 대하고 저 남자는 돈도 없고 능력도 없으니까 무시해도 된다. 이런 생각이 바로 상대적 개념의 패착이다. 저 사람은 어리니까 봐주고 저 사람은 늙었으니까 절대 봐주면 안 돼. 이런 생각 역시도 상대적 개념의 패착이다. 이 일을 하면 돈을 많이 벌 것이니까 열심히 하고 저 일을 하면 돈이 별로 안 될 것이니까 대충 하자. 이런 생각도 상대적 개념의 패착이다.

혹시 지금 그대는 상대적 개념의 패착에 빠져 있지는 않은가? 스스로를 점검해보고 만일 그렇다면 관용을 되찾을 수 있도록 노력해야 한다.

조화롭게
살게 될 거야

사람의 행복지수는 다른 사람들과 얼마나 조화롭게 사는가에 달려 있다. 우리 사회의 가장 기본이 되는 가족관계에서부터 그 점을 확인해보자. 수십 년 동안 각자의 생활방식대로 살아온 남녀가 갑자기 같은 공간에서 함께 살아가는 것, 그것이 결혼이다. 결혼을 하면 두 사람은 자기 멋대로 살아온 지난날처럼 살 수는 없게 된다. 만약 결혼하고도 자기 멋대로 살고자 한다면 그 가정은 조화를 이루지 못해서 늘 불화가 끊이지 않게 될 것이다.

남편이 총각 시절에 했던 대로 툭하면 외박하고 심심하면 친구들을 데려와 밤새도록 술 마시고 고스톱 치면서 논다면 아내의 심정은 어떨까? 아내가 처녀 시절에 했던 대로 툭하면 나이트클럽에 가서 남자들과 부킹을 하고 놀러 다닌다면 남편의 심정은 어떨까?

결혼은 조화다. 조화롭게 살지 못하는 부부는 결국 각자의 길을 걸어가야만 한다. 가정의 조화가 깨지면 부부는 이혼하거나 별거할 것이다. 사회생활에서도 조화를 이루지 못하는 조직원이 있다면 그 사람은 다른 사람에 비해 많은 불이익을 당할 것이다. 혼자서만 밖으로 맴도는 직원은 동료들에게조차 외면받기 마련이다.

"저 친구는 늘 저렇게 혼자 겉돌아."

점심시간에도 혼자 밥을 먹고 다른 동료들의 경조사에도 참석하지 않고 회식에서도 혼자서만 튀는 행동을 하는 사람에게 호감을 가질 직장인은 없다. 그러면 이것이 궁금하지 않은가? 왜 어떤 사람은 조화롭게 살아가고 어떤 사람은 그렇지 못할까? 이 점은 우리 모두의 숙제다. 그만큼 조화를 이루느냐, 못 이루느냐가 인생의 중대한 문제라는 의미다. **조화를 이루면서 잘 사는 사람에게는 한 가지 공통점이 있다. 바로 매우 관용적인 사람이라는 점이다.**

조화롭게 결혼생활을 영위하는 부부에게는 관용이 있다. 비록 한쪽이 관용이 없다고 하더라도 다른 한쪽이 관용을 지니고 있다면 파국을 피할 수 있다. 남편이 총각 시절처럼 철없이 행동해도 아내가 관용이 있다면 그 점을 잘 헤아리고 현명하게 대처할 수 있다. 그러나 아내마저도 관용이 없다면 이렇게 말할 것이다.

"이 남자가 미쳤나. 지금 당신이 총각인 줄 알아? 어디서 못된 버릇

아직도 못 고치고!"

이렇게 되면 그 가족은 해체되는 순서를 밟게 될 것이다. 그러나 관용적인 사람이 한 명만 있어서는 온전한 가정을 유지하기가 어렵다. 조화는 혼자서만 노력한다고 해서 이루어지는 것이 아니기 때문이다. 가정을 조화롭게 꾸려가려면 부부 둘 다 관용을 해야 한다. 서로가 잘못을 용서하고 사랑하며 어떤 단점이든 이해하려는 마인드를 지녀야만 하는 것이다.

한 사람만 그렇게 하기 위해 고군분투한다면 그 가정은 엔진 하나가 고장 난 채 운행하는 여객선과 같다. 분명히 바다 위에 떠서 움직이고 있지만 불안정하고 언제 침몰할지 모르는 위태로운 가정이라는 뜻이다. 그러므로 남편과 아내 두 사람 다 관용적으로 서로를 대해야 한다.

사회생활을 잘하는 사람에게도 관용이 있다. 주변을 잘 살펴보면 유난히 사회생활을 잘하는 사람이 있을 것이다. 그에게서는 어떤 에너지가 나오는가. 인간의 에너지는 파장이 되어서 주변에 전달된다. 어떤 인간은 음습한 파장을, 어떤 인간은 즐거움의 파장을, 어떤 인간은 불안의 파장을, 어떤 인간은 긍정적인 파장을 내어서 그것을 받는 사람들에게까지 영향을 미친다.

사회생활을 잘하는 사람들의 파장은 바로 관용의 파장이다. 그들에게는 관용의 에너지가 가득하기 때문에 좋지 않은 상황이 벌어져도 사람을 부정적으로 대하지 않는다. 동료가 실수를 해도 이해하고 감싸주며, 모자란 부분이 있다면 사랑하는 마음으로 가르쳐주려고 하는 것이 그들의 특징이다. **관용의 에너지는 관용의 파장을 낳고 관용의 파장은 사람을 끌어들이는 마력을 발휘한다. 그래서 관용은 조화롭게 사는 기적을 인간에서 선물한다.**

가정에서나 회사에서나 학교에서나 여러분이 조화롭게 살기 위해서는 관용이 필수적이다. 어떤 사람, 어떤 환경, 어떤 사건을 만나게 되더라도 관용하라. 그리하면 조화롭게 사는 기적을 얻게 될 것이다. 그 누구에게도 원망의 마음을 품지 않고 상대방을 진심으로 이해하며 사랑하는 관용은 모든 사람들을 다 포용하며 사랑하는 조화로운 인간으로 변화시킨다.

삶이 고단하다고 해서 절대로 관용을 버려서는 안 된다. 그렇게 하는 순간 고립은 시작된다. 사랑을 버리고 용서를 버리고 이해를 버리게 된다면 그 사람은 결국 무인도에 혼자 고립된 것과 다름없는 외로운 삶을 살게 될 것이다.

내 인생의
주인이 돼

여름 휴가철이 되면 빈집털이범들이 기승을 부린다. 현관문 앞에 쌓인 각종 고지서나 신문, 불 꺼진 창문을 보고서 빈집임을 간파한 도둑들이 주인이 없는 틈을 노려 집 안에 침입하는 일이 잦다. 주인 없는 빈집은 도둑들에게 가장 좋은 먹잇감인 것이다. 이것이 비단 집에만 해당되는 것일까? 인생에도 주인이 있을 때와 없을 때가 다르다는 것을 아는가.

인생에 주인이 없을 때는 이런 현상이 일어난다. 마치 빈집털이범들처럼 주인 없는 인생에 침입해서 그가 가진 것들을 훔쳐가려는 사람들이 꼬이기 시작하는 것이다. 방치된 음식물쓰레기통에는 반드시 파리와 구더기가 꼬인다. 주인 없는 인생에도 그런 파리와 구더기 같은 이들이 들러붙는다.

그대는 그대 인생의 주인인가? 그렇지 않다면 서둘러 자기 인생의 주인이 되어야 한다. 그런데 이 일은 반드시 관용의 도움이 필요하다. 내 인생의 주인이 되는 기적이 일어나기 위해서는 꼭 관용을 해야만 하는 것이다. 이 사실을 간과하고 살아가는 사람은 절대로 자기 인생의 주인 노릇을 하지 못한다. 그 까닭은 이러하다.

자기 인생의 책임자요 운영자인 주인이 되기 위해서는 어떤 어려움이 생겨도 그것을 헤쳐 나갈 힘이 있어야 하는 법이다. 또한 인내심도 있어야 한다. 그런 내면의 역량과 인내심을 소유하기 위해서는 자신과 타인에 대한 이해와 사랑, 용서가 우선조건이 되어야만 한다.

이런 일련의 과정을 무시하고 인생의 주인이 되고자 하는 건 불가능한 꿈을 꾸고 있는 것이나 마찬가지다. 내 인생의 주인이 되려면 무슨 상황이 펼쳐져도 자신의 인생을 버리지 않을 책임감이 있어야 한다. 그런데 이런 책임감은 그저 생기는 것이 아니다. 자신의 인생에 책임을 지겠다는 마음이 들 수 있는 여건은 바로 자기 자신을 세상 그 무엇보다 더 사랑하는 것이기 때문이다.

자신에 대한 사랑은 결국 타인에 대한 사랑으로 이어지고, 그것은 다시 타인에 대한 너그러운 이해로 연결된다. 빈집털이범들이 몰려들기 전에 집단속을 철저히 해야 한다. 그렇지 않으면 그동안 공들여 이룬 그 모든 것을 순식간에 도난당할 것이다. 그러자면 여러분은 기필

코 내 인생의 주인은 내가 되어야 한다는 의식을 지녀야 한다.

관용을 실천하는 삶을 살면 억지로 그렇게 되려고 하지 않아도 그대는 그대 인생의 주인공이 될 것이다. 그것은 아주 자연스럽게 이루어지는 우주의 이치다. **다른 사람들을 관대하게 대하고 자신을 전적으로 신뢰하고 사랑하는 사람은 누구나 자기 인생의 주인공이 되는 기쁨을 누릴 수 있다.** 내 인생의 주인공이 나일 때와 내 인생의 주인공이 내가 아닐 때 도대체 어떤 차이가 있을까? 그 차이점을 우리는 명백히 배워야 한다.

내 인생의 주인공이 나일 때, 사람은 주체할 수 없을 만큼 건강한 의욕에 불타오르게 된다. 또한 나쁜 일이 생겨도 절대로 포기하거나 좌절하지 않는다. 왜? 내 인생의 주인은 나 자신임을 분명히 알고 있기 때문이다. 그래서 나쁜 일이 생기더라도 다시 주인의식을 가지고 새로운 미래를 설계하게 되는 것이다.

내 인생의 주인공이 나 자신일 때의 사람은 긍정적인 에너지가 넘친다. 스무 평 정도의 작은 아파트라도 처음 집을 샀을 때 그 집이 세상의 그 어떤 집보다 마음에 들고 행복해진다. 그와 마찬가지도 내 인생의 주인이 나 자신일 때 현재의 처지가 어떠하든 상관없이 자신의 인생에 대한 자부심과 희망이 있기에 그는 행복한 사람이 된다.

반면 내 인생의 주인공이 내가 아닐 때, 사람은 주체할 수 없을 만큼 흔들리게 된다. 매사에 의욕이 없는 건 물론이고 무엇을 봐도 흥미가 생기지 않는다. 왜? 자기 인생의 주인이 자신이 아니라는 걸 알기 때문이다. 자신의 인생을 조정하는 그 누군가의 지시대로 사는 것이 그런 사람이다. 셋방살이하는 사람은 벽에 못을 하나 박더라도 별 신경을 쓰지 않는다. 그 집은 자신의 집이 아니기 때문이다. 그렇듯 내 인생의 주인이 내가 아닐 때 사람들은 무력감을 느끼고 아무런 애정도 없는 일상을 살게 된다.

그러므로 여러분은 언제나 내 인생의 주인이 되기 위해 노력해야 한다. 그 작은 노력의 출발점이 바로 관용이다. 관용한다면 그렇지 않았을 때보다 훨씬 큰 만족감을 누릴 수 있게 된다. 그래서 내 인생의 곳간을 스스로의 힘으로 채워나갈 수 있다.

그러나 관용하지 않는다면 만족감이 아닌 시기, 질투, 미움, 증오, 우울 등의 부정적이고 파괴적인 정서를 얻게 된다. 그래서 내 인생의 곳간에 있던 곡식마저 축낸다. 결국 그 곳간의 주인은 부정적인 감정이 되고 말 것이다. 혹은 불순한 세력이 그 곳간의 새 주인이 될지도 모를 일이다.

혼돈이 없어져

"살려주세요! 이곳은 답답하고 끝이 보이지 않는 어둠뿐이네요!" 혼돈의 터널 속에 갇힌 사람들이 이렇게 외친다. 그러나 그 소리는 밖에서는 잘 들리지 않는다. 그는 이미 너무 깊이 들어와버렸기 때문이다. 인간적으로 너무나 사악한 사람들은 언제나 이처럼 긴 혼돈의 터널 속에 갇혀 있다. 혼돈의 터널은 어둡고 냄새나고 축축하다. 희대의 살인마나 극악한 범죄자들 대부분이 자신의 머릿속에서 벌어진 혼돈을 추스르지 못한 상태에서 그런 짓을 저지른 것이다.

다른 사람을 용서하지 못하는 사람은 분노와 단죄, 원망과 복수 등을 지닌 채 살아가야 한다. 이것은 바로 혼돈의 삶이다. 다른 사람을 사랑하지 못하는 사람도 마찬가지다. 다른 이에 대한 사랑이 없는 사람은 메마른 감성과 더불어 무관심, 비판, 책임 전이 등이 어수선하게 얽혀 있다. 이해하지 않는 삶을 사는 사람도 역시 혼돈 속에 빠진 채 삶을 영위할 수밖에 없다. 어떤 사건이나 인물에 대한 이해도가 떨어진 사람이 어떻게 바르게 정립된 인생을 살 수 있겠는가.

이러한 혼돈의 삶을 사는 사람은 자신을 제어할 수 없게 된다. 언덕길에서 브레이크가 고장 난 자전거에 탄 상태나 마찬가지다. 뛰어내릴 수도 없고 그렇다고 계속 앞으로 갈 수도 없는 상태가 바로 혼돈의 삶이다. 머릿속이 온통 제멋대로 엉켜버려서 정작 자신이 원하는 삶의 모습이 무엇인지 잊어버리게 되는 것이다. 그렇다면 이런 혼돈으로부터 벗어나는 방법은 무엇일까?

그 방법이 바로 관용임을 우리는 어렵지 않게 유추할 수 있다. **다른 사람을 용서하고 사랑하고 이해하면 머릿속에 엉켜 있던 실타래가 저절로 풀리게 된다.** 온갖 추측이 난무하고 부정적 판결이 지배하던 머릿속이 관용에 의해서 체계와 질서를 잡게 되는 것이다. 즉 관용이야말로 혼돈의 삶을 없애는 기적을 부르는 가치다.

"저 아이만 보면 머릿속이 혼란스러워. 어떻게 해야 할지 모르겠다니까."

대학을 졸업하고 마흔이 넘도록 취업도 하지 않고 부모에게 돈을 타서 쓰는 무능력한 딸을 보고 아버지는 이렇게 한탄했다. 그의 머릿속은 딸에 대한 분노와 원망과 갖가지 억측들로 뒤죽박죽인 상태다.

단적으로 말해 아버지의 머릿속은 혼돈 상태인 것이다. 이런 혼돈 상태에 계속 머물면 딸을 비롯한 다른 가족의 인생에 부정적인 영향을 끼치는 것은 물론이거니와 자신의 인생도 나락으로 내몰게 된다. 혼돈은 몰락하는 지름길이므로 반드시 바로잡아야 한다. 아버지는 딸을 관용해야만 하는 것이다.

"그래, 저 아이도 나름대로의 고민이 있었을 거야. 내가 너무 일방적으로 내 딸을 매도했어. 이제부터라도 더 넓은 마음으로 녀석을 품어야겠다."

만일 아버지가 이렇게 마음을 고쳐먹는다면 그는 혼돈에서 벗어날 수 있다. 왜? 그는 관용을 하기 시작했기 때문이다. 관용적인 태도는 혼돈에서 비롯될 불안한 미래를 차단한다. 혼돈을 방치하면 더욱더 큰 혼돈의 블랙홀로 빨려드는 것이 인생이다.

우리는 관용함으로써 혼돈을 바로잡을 수 있는 능력을 지닌 존재들이다. 어떤 문제라도, 어떤 난해한 상황이라도 관용하면 그 상황과 인물에 대한 구체적인 도면이 보이는 법이다. 그러므로 어려운 상황일수록 인내하면서 더욱 침착하게 관용해야 한다.

"난 7반 아이들만 보면 머리가 복잡해져요. 문제아들이 너무 많거든요."

교무실에서 교사 한 명이 넋두리하듯 그렇게 말했다. 그 교사의 속내는 이러했다.

'7반의 혁, 숙, 문 등등이 내 말을 지독하게 안 들어서 속상해요. 그래서 그 녀석들을 보면 갖가지 생각이 들어요. 밉기도 하고 서운하기도 하고 그래서 머릿속이 혼돈스러워요.'

이런 속마음이 그렇게 표현된 것이다. 그 교사는 자신이 관용적인 삶에서 벗어나 있다는 것을 먼저 인식하는 것이 필요하다. 관용으로 7반 아이들을 바라보면 문제아들이 모인 반이 아니라 사랑을 줄 수 있는 귀여운 아이들이 있는 반으로 보인다. 그리고 7반 아이들만 보면 머리가 복잡해지는 일은 더 이상 없을 것이다.

혼돈이 사라지면 기적이 일어난다. 삶이 체계를 잡아갈 수 있게 되고 더욱더 주체적으로 살아갈 수 있게 된다. 이런 기적은 관용을 한 사람만이 누릴 수 있는 축복이다. 신은 우리에게 관용으로 서로를 배려하라고 하셨다. 이 사실을 잊지 말아야 한다.

관용이야말로 모든 재물과 명예를 뛰어넘는 막대한 부를 우리에게 줄 수 있는 가장 위대한 신의 선물이다.

소중한 것들을
깨닫게 돼

　불의의 교통사고로 어린 자식을 잃은 부모가 장례식장에서 처절하게 울부짖는다.

　"이렇게 빨리 갈 줄 알았으면 너한테 더 잘해줄 것을."

　평생 곁에 함께할 것 같던 부모님을 여읜 자식들은 눈물을 훔치면서 슬퍼한다.

　"살아생전에 더 자주 찾아뵐 것을."

　같이 있을 때는 그 소중함을 미처 알지 못했다가 그 사람이 떠나고 나서야 빈자리를 느끼고 소중함을 느끼는 일, 이런 일은 정말 안타까운 일이다. 죽은 자식을 울면서 부른다고 해서 살아 돌아올 수는 없지 않은가. 돌아가신 부모님을 울면서 그리워한다고 해서 다시 오실

수는 없지 않은가. 소중한 것들을 소중하다고 깨닫지 못하고 산다면 이런 뼈저린 후회를 절대 피할 수가 없을 것이다.

우리는 우리에게 있는 것들을 반드시 소중히 여겨야 한다. 우리의 재능, 환경, 가족 등 이런 것들의 소중함을 깨닫는 일은 기적이라고 말할 수 있다. 이 기적을 가능하게 하는 건 누가 뭐래도 관용이다. **관용하는 사람은 소중한 것들의 소중함을 깨달을 수 있게 된다. 관용 자체가 인간 존중이요, 가치에 대한 정확한 이해를 기반으로 하고 있기 때문이다.**

무엇이 소중하고 무엇이 그렇지 않은지를 구별하는 지혜 또한 관용으로 얻을 수 있다. 어떤 이들은 소중한 것들은 소홀히 하고 반대로 전혀 무가치한 것들에 자신의 영혼을 걸고 산다. 그런 이들은 진정한 관용에서 멀어진 상태인 것이다.

어느 50대 여인에게 이런 일이 일어났다. 그녀는 남편과 20년을 살았다. 그런데 얼마 전부터 남편이 그녀가 운영하는 식당 바로 맞은편 가게에서 내연녀와 함께 불륜행각을 벌이는 것이었다. 그녀는 남편과 내연녀가 동거를 한 사실도 알게 되었다. 남편에게 찾아가 따지면 남편은 도리어 화를 내곤 했다.

"날 이해하려면 이해하고 이해 못하겠으면 나가라고!"

남편의 적반하장에 아내는 속이 상했다. 그래도 그녀는 20여 년을 살아온 정 때문에 그 사람을 용서하고 싶었다. 그녀는 이렇게 남편이

막무가내로 행동하는 데는 혼인신고를 하지 않은 것도 한몫한다고 생각했다.

남편은 지금 자신에게 소중한 존재인 아내에게 함부로 대하는 중이다. 그는 관용과는 거리가 먼 인물임에 틀림없다. 그가 그렇게 계속 아내 가슴에 비수를 꽂는 행동을 한다면 마지막까지도 남편을 용서하고자 했던 착한 아내를 잃게 될 것이다. 결국 그는 진정한 사랑을 놓치게 되는 것이다. 남편에게 가장 필요한 것은 아내에 대한 관용이다. 그는 하소연했다.

"여자가 남자의 위신을 깎아내리는 말을 함부로 하고 너무 드세요. 여자가 남자를 우습게 여기면 남자는 바깥으로 돌기 마련입니다."

이것이 남편이 불륜을 저지르는 이유라는 것이다. 하지만 그것은 가당치 않은 자기합리화에 지나지 않다. 남편은 술에 취하면 아내를 괴롭히곤 했다. 자신의 잘못은 까맣게 잊고 아내만 탓하는 건 전혀 관용적인 태도가 아니다. 그가 관용을 한다면 자신의 잘못부터 먼저 반성해야 한다. **소중한 사람을 소중하게 대하지 않는 사람은 언젠가 반드시 땅을 치면서 후회하게 된다. 소중한 사람의 부재는 인간을 가장 고통스럽게 만드는 요인이기 때문이다.**

관용하면서 산다면 여러분은 절대로 소중한 것들을 놓치지 않을 것이다. 소중한 사람과 원치 않는 이별을 한다 해도 평상시에 많이 사랑하고 이해해주고 용서했을 것이므로 자책하지 않게 되는 것이다. 그래서 이별 후에도 더 빨리 슬픔을 추스르고 소중한 사람을 마음에 품고 다시 열심히 살아갈 수 있게 된다.

하지만 관용하지 않는 삶을 살아온 사람이 어느 날 갑자기 소중한 사람과 이별한다면 깊은 슬픔에 빠질 수밖에 없다. 평소에 그 사람에게 화도 자주 냈을 것이고, 트집도 잡았을 것이고, 절대로 용서 따위도 해주지 않았을 것이며, 이해해주는 일이 없었을 것이기 때문이다. 그래서 남는 건 엄청난 후회의 감정과 자책감인 것이다. 그러므로 그대는 오늘부터라도 관용해야 한다.

모든 존재와 소통할 수 있는
기적이 일어날 거야

귀가 잘 들리지 않는 사람이 있다. 그와 소통하려면 글이나 손짓 발짓을 동원해야 한다. 이럴 경우 소통이 잘 안 되어 여러 가지 오해가 생기기 쉽다. 보청기를 껴도 해결되지 않을 만큼 청력이 나쁘다면 소통하는 데 많은 어려움을 겪을 수밖에 없다.

연세가 높은 어른들 중에 이런 분들이 많다. 소리가 잘 들리지 않아 자식들과 대화하는 것도 어렵고 친구들과 이야기하는 것도 어렵다. 그래서 노년이 더욱 쓸쓸해진다고 하소연하는 노인들이 있다. 이처럼 소통이 잘 안 된다는 건 생활의 질을 떨어뜨리는 주원인이 된다. 청력이 나쁘거나 시력이 나빠서 소통이 안 되는 건 보청기나 안경, 수술 등으로 어느 정도 해결할 수 있다. 그런데 마음씨가 나빠서 소통이 안 되는 건 외적인 수술로는 해결할 사항이 아니다.

걸핏하면 다른 사람들에게 독설을 하는 남자가 있다. 그는 동네 사람들이 자기 집 앞을 지나가면 괜히 시비를 걸기 일쑤다.

"왜 날 흘깃거리고 노려보는 건데?"

앞마당에 핀 매화꽃이 예뻐서 그걸 바라본 박 씨를 붙잡고 오 씨가 화를 냈다. 박 씨는 너무 억울하다.

"아니, 난 자네 마당에 핀 매화가 좋아 보여서 쳐다본 거야."

그러자 오 씨는 더 화를 내면서 박 씨에게 험악한 표정을 지어 보인다.

"그렇게 거짓말한다고 내가 네놈 속셈을 모를 줄 알아? 넌 항상 날 무시했잖아."

결국 오 씨의 억지로 두 사람은 몸싸움을 하게 되었고 경찰이 출동했다. 관용의 마음을 지니지 못한 오 씨는 다른 사람의 마음을 읽지 못했다. 즉 다른 사람과 소통하지 못한 것이다. 그가 관용할 줄 알았다면 박 씨가 설령 진짜로 흘깃거리고 노려보았더라도 그렇게 화를 내지 않았을 것이다. **관용은 사람의 마음을 읽을 수 있게 만든다. 다시 말해 관용은 소통의 기적을 만든다고 말할 수 있다.**

왜 관용이 소통의 기적을 만들어주는 걸까? 여기에 대한 해답은 관용의 이해력과 사랑에서 찾을 수 있다. 다른 사람과 소통하지 못하는 사람은 다른 사람을 이해하지 못하는 사람일 것이다. 그렇지 않은가. 만일 오 씨가 박 씨를 이해했다면 그는 오 씨의 진심을 알게 되었을 것이다.

다른 사람과 소통하지 못하는 사람은 다른 사람에 대한 사랑이 없는 사람일 것이다. 이것 역시도 사랑이 없는 상태에서 누군가의 속마음을 읽을 수 없다는 사실이 증명해준다. 다른 사람과 소통하기 위해서는 그 사람을 이해하고 사랑해야만 한다. 이 같은 사랑과 이해는 불통의 관계를 소통의 관계로 변화시켜준다. 이것이 기적이 아니고 무엇이겠는가.

"그 사람하고는 말이 안 통해요!"

이렇게 사람을 폄하하는 사람은 자기 스스로를 비난하고 있는 셈이다. 다른 사람과 소통하지 못한다는 건 자기 자신에게 문제가 있다는 의미이기 때문이다. 관용하지 못했으므로 그 사람과의 관계가 불통의 관계가 된 것은 분명한 사실이다. 그것을 인지하지 못하고 상대방의 고지식한 면이나 부족한 면을 나열하면서 흉을 본다면 얼마나 부끄러운 일인가.

여러분에게도 말이 잘 안 통한다 싶은 가족이나 친구들이 분명히 있을 것이다. 그렇다면 왜 그 사람과 말이 안 통하는 건지 자문해보라. 그에 대한 해답은 위에 이미 나와 있다. 그것은 여러분 자신의 문제다. 상대방의 태도나 학식이나 인품, 배경 따위가 문제가 절대 아니라는 말이다.

우리는 자기 자신에게서 소통의 해결책을 찾아야 한다. 다른 사람에게 어긋난 관계의 책임을 전가하는 것은 비성숙한 인격체의 행동 양상이다. 내가 얼마나 그 사람을 이해하려고 노력했는지, 내가 그 사람을 얼마나 더 많이 사랑하려고 노력했는지를 뼈아프게 질문해보아야 한다.

사람은 소통의 존재다. 인간관계에서만 소통이 중요한 것은 아니다. 그대를 둘러싼 모든 사물과의 소통도 중요하다. 바다에 가면 사람들은 배 위에서 갈매기에게 먹이를 준다. 많은 분들이 알다시피 그건 새우과자다. 그것은 갈매기가 좋아하는 과자임에 틀림없다. 그 누구도 갈매기에게 김치를 내미는 사람은 없다. 그건 이미 갈매기와 사람이 소통했다는 증거인 셈이다. 즉 갈매기가 원하는 것을 이해했고 갈매기를 사랑하는 마음이 있기에 새우과자를 준비해서 갈매기에게 내미는 것이다.

집 앞에 핀 꽃 한 송이, 풀 한 포기도 마찬가지다. 그것들과 소통하는 사람은 매일 보는 꽃과 풀이 행복의 원천이 된다. 반면에 소통의 의지가 없는 사람은 그것들을 봐도 아무런 감흥도 얻지 못하고 그냥 무의미하게 지나친다.

관용하게 되면 소통의 기적이 일어난다. 사람이든 동물이든 돌멩이든 하늘이든 바다든 모두 친구가 된다. 그래서 고독하다거나 혼자라는 생각을 하지 않는다. 소통은 서로를 위로해주고 따뜻하게 감싸주기 때문이다. 그것이 인간이든 무생물이든 관용으로 대한다면 서로에게 힘이 되어주는 기적이 일어나는 것이다.

불가능을
가능으로 만들어

모두가 불가능하다고 말할 때 그것을 가능으로 만드는 사람들이 있다. 초등학교밖에 나오지 못했지만 대통령이 된 남자, 심각한 정신질환을 앓으면서도 세계적인 작가가 된 여자, 두 다리를 잃고도 국가대표 육상선수가 된 남자, 사지 마비 상태에서도 세계적인 석학이 된 사람 등 도저히 인간적으로 가능하다고 볼 수 없는 기적을 만드는 사람들에게는 어떤 공통점이 있을까. 그들에게는 긍정적인 생각이 있었을 것이다. 나는 할 수 있다, 나는 이 일을 해낼 충분한 능력이 있다, 이런 긍정적인 생각이 있었기에 불가능하게 보이는 일을 가능으로 바꿔놓은 것이 아니겠는가.

이런 기적 같은 일은 뭇 사람들의 동경의 대상이 된다.

"나도 저렇게 되고 싶지만 현실은 시궁창이야."

이렇게 그들을 부러워하면서도 자신의 삶에서는 좌절하는 사람들이 얼마나 많은가. 그런데 **불가능은 관용을 하지 않을 때 찾아오는 악마의 선물이란 것을 아는 사람은 많지 않다. 악마는 언제나 선물을 준비하고 있다. 그것이 바로 포기와 절망이다.** 이 포기와 절망의 근원에는 무관용이 있다. 어떤 일을 할 때 불가능하다고 여기게 되는 것은 우선 자기 자신에 대한 관용이 없기 때문에 벌어지는 현상이다. 한 사람이 산을 오르기 전에 산 아래에서 산을 올려다보며 이렇게 생각한다고 해보자.

'난 저 산을 절대로 오를 수 없을 거야.'

그러면 그는 당연히 산에 오를 시도조차 하지 않을 것이다. 결국 그는 시도조차 하지 않고 산에 오르기를 포기하게 된다. 그는 자신의 가능성과 내면에 잠재된 힘을 믿지 않는 무관용을 했기 때문에 산에 오를 수 없게 된 것이다. 관용적인 사람은 이런 상황에서 산을 보면서 이렇게 말할 것이다.

"난 저 산을 오를 수 있어. 정상에 올라서 멋진 풍경을 볼 거야. 도전해보자."

이런 도전의식을 갖는 것 자체가 스스로에 대한 관용이다. 자신을 관용하지 않는 사람은 자신의 가능성에 대해서 미진한 생각을 품고 있는 사람이다. '난 저 일을 해내기에 부적합한 사람이야.' 혹은 '내가 저 일을 한다는 건 있을 수 없는 일이야.'라는 생각을 하고 사는 한 결코 불가능을 가능으로 바꿀 수가 없다. 인간의 의식과 무의식은 관용의 절대적인 지배를 받기 때문이다.

관용의 삶을 사는 사람은 의식적으로나 무의식적으로 자신이 무엇이든 잘 해낼 수 있다는 긍정적인 기대를 갖는다. 그러한 기대가 삶 자체에 그대로 적용되어 어떤 일이든 의욕적으로 해낼 수 있게 되는 것이다. **관용하는 사람은 풀어야 할 문제가 생기면 당황하지 않고 최대한 침착하고 현명하게 그 문제를 풀어나갈 수 있다. 그것은 관용의 잠재된 힘이다.** 하지만 관용을 배척한 삶을 사는 사람의 의식과 무의식은 불가능한 이유를 더 잘 찾아낸다.

"이 일은 이러저러하니까 절대 내가 할 수 없지."

이렇게 불가능할 수밖에 없는 이유를 스스로 찾아내고 거기에서 도전을 멈춰버리는 것이 무관용한 사람의 패턴이다. 관용이 없이 산다는 건 가능한 일조차 불가능하게 만드는 지름길임을 기억하라. 여러분에게 어떤 일이 불가능하다고 여겨지는 순간이 온다면 그 순간 자신의 내면에 무엇이 장착되어 있는지 심사숙고해봐야 한다.

"내 안에 관용이 있는가?"

"내 삶이 관용적인가?"

위기에 처할 때일수록 이 질문에 답해보라. 관용이 없다면 관용을 채워 넣어야만 한다. 자동차에 기름이 떨어지면 주유소에 가서 기름을 채워 넣어야 한다. 어떤 얼빠진 운전자가 자신의 차에 기름이 떨어졌는데 이런 말을 한다면 어떤가.

"기름이 떨어졌든 말든 나랑 무슨 상관이야."

그가 자신의 현재 상황을 정확히 인식하고 기름을 채워 넣지 않는 한 그의 자동차는 언제까지나 그 자리에 멈춰 있어야 할 것이다. 사람도 마찬가지다. 자신의 내면에 관용이 없다면 반드시 관용을 채워 넣어야 한다. 그래야만 삶이 보다 윤택해지고 궁극적으로 행복해질 수 있다. 또한 불가능해 보이던 일도 가능으로 바꿔놓는 기적을 맛볼 수 있다.

그렇다면 없던 관용을 어떻게 내면에 채워 넣어야 하는가? 이런 의문이 생길 수밖에 없다. 그런데 사람들이 잘 모르는 진실이 있다. 인간은 원래 관용적이라는 점이다. 우리에게는 태어나기 전부터 관용이 있었던 것이다. 믿기지 않는 사실이지만 진실이다. 이 점이 의문스럽다면 어린 시절을 돌이켜보면 된다. 초등학생 때 그대는 다른 아이를 괴롭히는 것을 즐겼는가? 아니면 다른 아이와 즐겁게 노는 것을 좋아했는가? 다수의 사람이 대답할 것이다.

"물론 친구들과 즐겁게 노는 걸 좋아했죠."

바로 그것이다. 우리는 서로가 행복한 관용을 추구하던 존재라는 점이다. 그러면 두 번째 의문이 든다. 있던 관용이 대체 어디로 사라졌단 말인가? 관용은 마치 화분에 심은 식물과도 같다. 물을 주고 햇볕

231

을 쬐어주어야만 잘 자라는 식물처럼 우리의 관용도 늘 주인의 관심과 사랑으로 유지되고 더 성장하는 가치인 것이다.

관용이 부족하거나 없다면 새롭게 그것을 채워 넣어야 한다. 먼저 사랑하고 이해하고 용서하겠다는 명백한 의지를 지니고 실천하라. 그렇게 자신을 날마다 새롭게 변화시키면 하지 못할 일이 없고, 머뭇거리면서 포기하고 훗날 후회할 일도 없을 것이다.

환경이 비참하다고 해도 관용하는 삶을 산다면 누구나 성공하는 사람이 될 수 있다. 그러므로 절망하거나 포기하기 전에 가슴속에 먼저 관용을 채워 넣어라.

멀쩡했던 땅이 꺼지면서 집과 도로를 삼켜버리는 현상이 있다. 갑자기 지반이 내려앉는 이 현상을 싱크홀이라고 부른다. 싱크홀은 왜 생기는 걸까? 아직 확실한 원인이 밝혀지지는 않았지만 대부분의 경우 연약한 지반을 더 연약하게 만든 잠재적 위험을 방치했기 때문에 벌어진 것이다.

인간의 일생에도 싱크홀이 생기게 되어 있다. 어느 날 갑자기 뜻하지 않은 사건 사고에 휘말리게 되는 것이 바로 싱크홀에 맞닥뜨린 시점이다. 싱크홀이 생기는 이유 중 하나가 바로 잠재적 위험의 방치다. 인간에게 잠재된 위험은 어떤 것일까? 그것을 제거하려면 어떻게 해야 하는가?

인간에게 잠재된 위험은 헤아릴 수 없이 많다. 과도한 감정, 불안정한 심리, 주변의 비평, 자신을 향한 책망과 가학, 세상에 대한 좌절과 분노 등 이런 잠재적 위험을 방치하면 불행은 싱크홀이 되어서 나타난다. 그렇다면 이것들을 제거하기 위해 어떻게 해야 할까? 어렵지 않다. 관용을 하면 된다. **관용이 삶에 드리워진 먹구름과 같은 잠재적인 위험들을 하나씩 천천히 제거해줄 것이다.**

갈증이 날 때 갑자기 물을 많이 마시면 오히려 해롭다는 것을 아는 사람은 드물다. 과도한 물 섭취는 물중독이라는 무시무시한 증상을 야기해서 생명까지도 위협한다. 그러나 관용은 절대로 중독증상이 나타나지 않는다. 관용은 얼마든지 많이 해도 절대 부작용이 없다.

휴대폰 대리점을 운영하는 김 씨는 항상 답답함을 느끼면서 살아가고 있다. 그의 가슴속에서는 마그마 같은 것이 부글부글 끓고 있는 중이다. 그가 생각하기에 그 이유는 몇몇 몰지각한 손님들 때문이다.

"사장 나오라고 그래. 일을 이따위로 처리할 거야? 휴대폰 산 지가 얼마나 되었다고 고장이냐고!"

머리가 벗겨진 50대 남자는 다짜고짜 사장을 불러댔다.

"제가 사장입니다. 무슨 일이신데 그러십니까?"

"야, 이 새끼야. 똑바로 해! 이게 휴대폰이냐 고물이지? 산 지 일주일 만에 고장이 났다고!"

남자는 김 사장에게 삿대질을 하면서 험한 욕설을 퍼부었다. 알고 보니 남자가 내민 휴대폰이 고장 난 원인은 본인에게 있었다. 그는 자신이 실수로 떨어뜨려서 고장 난 걸 가지고 와서 사장에게 화풀이한 것이었다. 이런 일이 한두 번이 아니었으므로 김 사장은 우울증 비슷한 감정을 갖고 살고 있다. 그런 손님들의 면상을 흠씬 패주고 싶은 마음이 굴뚝같은데 그럴 수가 없는 현실에 분노가 치밀었다. 그의 내면에는 지금 잠재된 위험이 도사리고 있다.

그대도 이미 눈치챘을 것이다. 만약 김 사장이 내면에 잠재된 위험, 즉 현실에 대한 분노와 무기력을 그대로 방치한다면 어느 날 갑자기 그는 손님에게 폭력을 휘두를 수도 있고, 반대로 자기 자신을 해칠 수도 있다는 것을. 그렇기 때문에 그는 하루 빨리 내면에 잠재된 위험을 제거하려는 시도를 해야만 하는 것이다. 그 시도의 시발점이 바로 사랑과 이해, 용서로 대표되는 관용이다.

관용을 하면 대부분의 잠재적 위험을 제거할 수 있는 기적이 일어난다. 서울에서 지하철 추돌 사고가 일어난 적이 있다. 그 원인은 신호기 고장이었다고 밝혀졌다. 결국 지하철 사고가 일어난 까닭은 잠재적 위험인 신호기 고장을 방치한 결과였던 것이다. 만일 지하철을 운영하는 담당자들이 그 사실을 알고 빨리 조치를 했다면 추돌사고는 일어나지 않았을 것이다.

살아가는 데도 그런 태도가 중요하다. 싱크홀이 나타나기 전에, 사고가 터지기 전에 미리 잠재적 위험을 제거해야만 한다. 그것이 위험에 대처하는 현명한 방법이다. 그리고 그것을 가능하게 하는 것이 관용이라는 것을 우리는 반드시 기억해야만 한다.

왜 관용하게 되면 잠재적 위험이 사라질까? 그것은 관용이 잠재적 위험의 뿌리를 도려내는 역할을 하기 때문이다. 썩은 나무는 뿌리를 뽑아야 한다. 그렇지 않고 내버려두면 언제까지나 그 자리에 흉물스럽게 서 있을 것이다. 암도 뿌리까지 제거해야 완치할 수 있다. 인생에 드리워진 잠재적 위험의 뿌리는 관용이 아니고서는 없앨 수가 없는 것이다.

가장 위험한 분노의 뿌리를 없애려면 무엇을 해야 하는가? 당연히 먼저 이해하고 용서하고 사랑해야만 한다. 또 누구에게나 위협이 될 만한 극심한 우울의 뿌리를 없애려면 무엇을 해야만 하는가? 당연히 자신을 사랑하고 타인을 사랑하며 이해하는 과정을 거쳐야 한다. 결국 모든 것이 관용으로 귀결된다는 것을 알 수 있는 것이다.

관용으로 자신을 다스려라. 그렇게 하면 잠재적 위험이 제거되고 좀더 자유롭게 인생을 즐기면서 살 수 있을 것이다.

본질을
파악할 수 있게 돼

관용은 참으로 많은 기적을 가져다준다. 이 기적들의 공통점은 인간을 행복하게 만든다는 점이다. 관용은 자기 자신만 행복해지는 것이 아니라 모든 사람들에게 그 혜택이 돌아간다는 점에서, 관용이 주는 기적은 위대하다. 특히 이번에 말할 관용의 기적은 우리가 살아가는 데 꼭 필요한 기술이므로 집중해서 알아보도록 하자.

관용을 하면 본질을 파악할 수 있는 기적을 얻게 된다. 그렇다면 먼저 본질이란 무엇인지 알아보자. 말 그대로 본질은 어떤 것의 근본이다. 사람에게 본질은 그 사람의 근본 생각일 것이고, 사건의 본질은 그 사건이 일어나게 된 가장 기초적인 원인일 것이다.

사람의 본질을 아는 것이 왜 중요할까? 타인의 본질을 알지 못하고 살아가면 그 사람을 전적으로 수용하기가 어렵다. 그런데 관용으로 타인을 대하면 그 사람의 근본 생각을 알 수 있게 되므로 결국 광범위한 이해와 수용이 가능해지는 것이다. 사건의 본질을 깨닫는 것 역시 어떤 사건을 해결하는 데 반드시 필요한 일이다. 살인사건이 일어났는데 형사가 사건의 본질을 제대로 파악하지 못하고 엉뚱한 곳을 헤맨다면 절대로 그 사건을 해결할 수가 없는 것이다.

이렇듯 본질을 파악하는 것은 인간관계의 질이나 영속적인 행복을 위해서 반드시 필요한 일이다. 관용은 이런 기적을 가능하게 만들어준다. 관용하지 않고서 다른 사람의 본질을 파악하고 있다고 믿는다면 그건 크나큰 오산이다.

여기 젊은 부부가 있다. 두 사람은 맞벌이를 하면서 두 아이를 키우고 있다. 그런데 아내는 사는 게 늘 불만이다. 남편이 자신을 도와주지 않는다고 생각하기 때문이다. 그녀는 남편이란 인간의 본질을 결혼생활 5년째인 지금 모두 다 파악했다고 믿고 있다.

"당신이란 남자, 이제 지긋지긋해. 똑같이 맞벌이하는데 왜 나만 이렇게 힘들어야 하는데? 당신이 언제 한 번이라도 날 도와준 적 있어?"

부부 싸움 중에 아내는 남편에게 이렇게 소리 질렀다. 남편은 실제로도 집안일을 거의 도와주지 않았다. 집에서 쉬는 주말에도 피곤하다면서 나무늘보처럼 늘어져서 잠만 잤다. 가족들끼리 그 흔한 가족여행 한번 간 적이 없다. 그것이 늘 불만이었다. 그녀는 남편이 원래 그런 사람이라고 단정지어버렸다.

'저 인간에게 기대할 것은 이제 아무것도 없어. 원래 저렇게 무뚝뚝하고 가정에 불충실한 인간이야. 내가 결혼을 잘못했지.'

이런 생각을 하루에도 열두 번씩 한다. 그러니 남편에게 고운 말을 할 리가 없다.

"회사일이 너무 힘들어서 그래. 미안해. 그런데 당신 너무 지나친 거 아냐? 내가 원래 그런 남자는 아니잖아. 맞벌이도 당신이 원해서 하는 거면서 왜 내게 이러는데?"

남편도 할 말이 있다는 듯 화를 내며 맞대응을 한다. 그러자 아내는 분함을 이기지 못하고 울고 만다. 그녀는 매번 이런 식으로 부부싸움을 한다. 지금 그녀에게는 관용의 마음이 없다. 그녀 자신은 그걸 미처 알지 못하고 있지만 관용의 부재는 곧 본질을 파악할 수 있는 능력의 부재로 이어지고 있는 중이다.

그녀는 남편이라는 존재의 본질을 파악하지 못하고 있는 것이다. 사실 그녀의 남편은 매우 성실하고 가정적인 사람이다. 그런데 일이 너무 많아 매우 지쳐 있다. 그는 이를 악물고 겨우겨우 직장생활을 하고 있다. 최근에는 심장도 많이 나빠졌다. 몸도 힘들고 정신적으로도 너무 고단한 삶이다. 당장 사표를 내던지고 싶지만 가족을 위해서 참고 다니는 중이다.

그런데 이런 남편의 본질을 아내는 알아주지 않는다. 왜? 관용이 없기 때문이다. 만일 그녀가 이런 남편의 본질을 들여다보기 위해 노력했다면 부부싸움은 일어나지 않았을 것이다. 대신 남편의 상황을 더 잘 이해하므로 같이 행복해질 수 있는 대안을 마련하기 위해 고심했을 것이다.

서로가 행복해지는 비결이 여기에 있다. 아내도 남편도 본질을 파악할 수 있는 능력을 갖추어야만 한다. 그래야 서로가 행복해진다. 그 비결은 바로 서로를 관용하는 것이다. 이건 비단 위의 부부에만 국한된 이야기가 아니다. 부모자식 간, 사제 간, 친구 간, 국가와 국민 간, 어떤 관계에도 다 공통적으로 해당되는 사항이다. **서로의 본질을 알기 위해 욕심을 버리고 조금이라도 더 용서하고 이해하고 사랑하라.**

그렇지 않고서 상대방을 비난하는 것은 옳지 않다. 상대방의 본질을 제대로 파악하지 않은 상태에서 그를 비난하는 일은 자신의 무지를 드러내는 일이기 때문이다. 그리고 그런 행동은 무척이나 부당하다. 또한 비난 그 자체가 관용과 상반되는 개념이기도 하다.

서로 사랑하기를 두려워하지 않아야 한다. 서로 이해하기를 미루지 말아야 하며, 서로의 치부를 용서하기를 꺼리지 말아야 한다. 그래야 서로의 본질을 제대로 파악할 수 있다.

꿈을
실현하게 돼

최근 한 연구 결과가 사람들의 관심을 끌었다. 인생의 목표의식을 가지고 사는 사람이 그렇지 않은 사람보다 더 오래 산다고 한다. 이것은 나이와 상관없이 모든 연령층에서 공통적으로 나타난 연구 결과라고 한다. 목표의식을 가지고 산다는 건 꿈을 이루고 싶은 열망을 가지고 산다는 것이다. 꿈을 이루고 싶다는 열망을 품고 사는 사람이 그렇지 않은 사람보다 더 건강하게 오래 산다는 것이 객관적이고도 실질적으로 증명된 셈이다.

이 같은 사실은 굳이 이런 연구를 통하지 않고서도 쉽게 확인할 수 있다. 여러분 곁에도 꿈이 없이 하루하루 무의미하게 사는 사람들이 있을 것이다. 또한 꿈을 이루기 위해 열심히 노력하면서 사는 사람도 분명히 있을 것이다. 그들을 비교해보라. 어떤가?

분명 꿈이 없이 그저 되는 대로 사는 사람은 건강도 소홀히 할 것이고 생활습관도 무질서할 것이다. 밤늦게까지 유흥가를 전전하거나 술에 취해 비틀거리거나 다른 사람들에게 시비를 걸면서, 혹은 하루 종일 멍하니 시간을 낭비하면서 사는 것이 꿈이 없는 사람들이다.

반면에 **꿈을 실현하려고 노력하는 사람들은 자기 자신을 절제할 줄 안다. 그래서 인간관계도 극단으로 치우치지 않게 노력하고 다른 사람들에게 더욱 친절하게 대한다.** 그것이 궁극적으로 자신의 꿈을 이루는 길임을 잘 알기 때문이다.

꿈을 실현하고 싶은가? 그렇다면 관용하라. 그리하면 분명히 꿈을 이루게 될 것이다. 모든 노력을 다하고도 관용을 하지 않는다면 꿈을 이루기는 어렵다. 하루 두 시간만 자고 코피가 나도록 노력해서 꿈을 이루었더라도 사람을 사랑하고 용서하고 이해하는 관용을 하지 않는 사람은 꿈을 이루었노라고 말해서는 안 된다.

다른 이들이 보기에 그 사람은 꿈을 이룬 것이 아니라 자신만의 성에 갇힌 이기적이고 표독한 사람으로 보일 뿐이다. 관용을 하지 않으면서 목표를 이루었다는 건 다른 사람들의 지지를 얻을 수 없다는 의미다.

대기업 노동자들이 열악한 노동환경으로 인해 재해를 입었는데 회사에서는 그것을 제대로 보상해주지 않았다. 그래서 여러 해 동안 많은 사람들의 원성을 샀다. 그런데 그 기업의 총수가 위독해지자 그렇게도 오랫동안 끌었던 이 문제에 대해서 사과를 하고 제대로 된 보상을 하겠다는 발표를 했다. 재해와 작업환경의 관계까지는 당장 인정하지 않았지만 사과를 하고 보상을 하겠다는 것이었다. 그것만 해도 관용으로 한 발짝 다가선 행보다. 그 기업은 분명 세계적인 기업이었지만 관용적인 태도를 보여주지 못해서 그동안 국민의 신뢰를 받지 못했다.

누리꾼들은 이제라도 사과를 하고 보상을 한다니 다행이라면서 반기는 표정이다. 인과관계가 있든 없든 직원들을 사랑하는 관용이 기업에 대한 평가를 긍정적으로 바꾸기 시작한 것이다. 그렇다. 세계 최고의 일류 기업을 일구었더라도 관용을 하지 않으면 성공한 것이 아닌 것이다. 꿈을 이루기 위해서 관용은 필수불가결한 요소다.

꿈을 이루기 위해 노력하는 사람은 그렇지 않은 사람보다 더 오래 산다. 여기에 한 가지 중요한 부분이 빠졌다. 꿈을 이루기 위해 노력하는 사람이 오래 살기 위해서는 반드시 관용을 해야 한다. 그렇지 않으면 꿈을 이루더라도 헛된 모래성과 같다. 여러분은 지금 어떤 꿈을 가지고 사는가. **만일 꿈이 없다면 꿈을 가져라. 그리고 그 꿈을 이루기 위해 관용을 지니고 노력하라. 그렇게 하면 꿈을 실현하는 날이 가까이 올 것이다.**

2014년 세월호 참사로 온 국민이 슬퍼하는 시점에 한 가지 훈훈한 뉴스가 사람들의 심금을 울렸다. 그건 진도 팽목항에 설치된 어느 천

막에 관한 뉴스였다. 자비를 털어서 수천 명분의 버거를 만들어서 실종자 가족과 잠수사들에게 봉사하는 40대 남자의 이야기였다.

그는 수제 버거 가게를 운영하는 평범한 사람으로 자신의 이름을 결코 밝히지 않았다. 아무런 보상을 바라지 않고 자비를 털어서 다른 사람들을 돕는 이 남자의 행보는 관용의 참모습을 보여주었다. 관용은 아무것도 바라지 않는 마음으로 다른 사람들을 사랑하고 이해하고 용서하는 것이다.

"내가 이만큼 너를 사랑해주니까 너도 이만큼 나를 사랑해주어야만 해."

"내가 이만큼 너를 이해해줄 거니까 너도 나를 이만큼 이해해주어야만 해."

"내가 너를 이만큼 용서해줄 테니까 너도 내가 잘못을 하더라도 아무 소리 하지 말아야 해."

이런 마음으로 관용한다면 아무런 소용이 없다. 자비를 털어서 버거를 만들어 봉사하는 남자의 마음이 진정한 관용의 마음이다. 꿈을 이루려면 이러한 관용을 해야만 한다. 그러면 누군가는 이렇게 볼멘소리를 할 수 있을 것이다.

"그럼 제가 손해잖아요!"

그렇긴 하다. 언뜻 보면 자신만 손해 보는 어리석은 행동 같은 것이 관용이다. 그렇지만 따지고 보면 엄청난 이득을 보는 것이 관용이다. 꿈을 이루고 행복한 삶을 살 수 있는 것이 관용이 주는 혜택이 아니던가. 더구나 관용은 수명에도 영향을 끼친다. 너그러운 노인이 까칠하고 탐욕스러운 노인보다 장수할 확률이 높은 건 상식이다. 관용적으로 살다 보면 물질적으로 손해 보는 기분이 들 수도 있다. 하지만 손해 본다는 생각을 버려야 한다. 그런 생각을 가지기 시작하면 그때부터 정말 관용을 하기가 어려워진다.

어차피 죽을 때는 빈손으로 가는 것이 인생이다. 더 많이 움켜쥐고 악착같이 모아도 아무것도 가지고 가지 못한다. **관용을 가지고 베풀어라. 그러면 꿈을 실현하는 기적을 선물 받을 것이고 세상에서 가장 행복한 사람이 될 것이다.**

헌신하는 것

목숨을 아끼지 않고 타인을 구하려다 숨진 사람들을 의인이라고 부른다. 대한민국에서 의사자로 선정되면 국립묘지에 안장될 수 있는 자격이 주어지고 유가족은 국가로부터 혜택을 받는다. 그런데 이런 의인과는 영 동떨어진 사람들도 많다. 달리던 버스에 화재가 발생했는데 운전기사가 자기만 살겠다고 도망쳐서 어린 학생 수십 명이 숨지는 사고가 발생했다.

그는 왜 그 상황에서 그렇게 행동했을까? 운전기사가 평소에 어떤 생각을 품고 살았는지를 살펴보면 답이 나온다. 그는 관용하는 삶을 살지 않았을 것이다. 그건 분명하다. 만일 운전기사가 관용적인 태도를 가지고 살아온 사람이라면 절대로 어린 학생들을 불타는 버스 안에 남겨두고 혼자 탈출하지는 않았을 것이다.

"이 우물은 이 마을의 생명줄입니다. 이곳에 사는 주민들은 그동안 더러운 흙탕물을 먹고 살았습니다. 그 결과 주민들은 각종 병에 걸려서 고통받아왔습니다. 오늘 이 우물을 이 마을에 선물해주신 한국에서 오신 박 여사께 감사드립니다."

가난한 동남아시아의 한 마을에 우물을 파준 사람은 부자도 아니고 젊은이도 아닌 70대 할머니였다. 그 할머니는 전 재산이나 마찬가지인 85만 원을 우물을 파는 데 기증한 것이다. 그녀는 환하게 웃으면서 기뻐했다.

"제 작은 정성으로 마을 주민들이 앞으로 깨끗한 물을 마실 수 있다고 생각하니 한없이 기쁩니다."

100만 원도 채 안 되는 돈이지만 어느 곳에서는 한 마을을 살리는 생명수가 되어준다. 전 재산이나 다름없는 돈을 쾌척한 할머니는 헌신하는 것을 몸소 실천하신 분이다. 관용을 하게 되면 우리는 헌신이라는 기적을 선물 받는다.

헌신은 인간이 실행할 수 있는 최고의 선행이다. 헌신함으로써 사람은 비로소 자신이 이 세상에 온 존재이유를 깨닫게 된다. 헌신하는 기적을 체험한 사람은 절대로 에고이스트의 삶을 살지 않는다. 이기주의가 아닌 전 인류를 향한 이타주의가 삶의 방향이 되는 것이다. 관용은 실천할 때 비로소 빛난다. 늘 마음속으로만 이런 생각을 품고 사는 사람이 많다.

"내가 돈을 많이 벌면 다른 사람들을 도와줄 거야."

천만의 말씀이다. 그런 사람은 돈을 많이 벌어도 또 다른 핑곗거리를 댄다.

"돈은 많지만 이번에 해결해야 할 일이 생겼네. 이 일이 잘 해결되면 다른 사람들을 도와주어야겠어."

관용은 미루는 것이 아니다. 방학 때 밀린 일기를 쓰느라고 고생해본 경험이 있을 것이다. 그때 어떤 기분이 들었는가. 이럴 줄 알았으면 매일 성실하게 잘 쓸 것을, 이런 후회를 했을 것이다. 관용도 그와 같다. 자꾸 다음 기회로 관용을 미루면 헌신의 기적을 체험할 기회를 잃게 된다. 오늘 관용할 기회가 생긴다면 오늘 관용을 해야 한다. 내일 이 관용을 다시 베풀어도 아무런 소용이 없을 수도 있기 때문이다.

헌신은 실천하는 관용에 의해서만 얻을 수 있는 기적이다. 헌신을 만나면 어떤 일을 하더라도 보람을 얻을 수가 있다. 관용하는 인간은 모든 일에 정직하고 성실할 것이므로 그 일에서 보람을 얻게 되는 것이다. 보람 있는 삶, 가치 있는 삶, 그리고 무엇보다도 세상 모든 존재를 평등하게 사랑하는 삶이 바로 헌신이다.

헌신은 무조건 자신을 희생하는 것이 아니다. 자신의 삶을 깡그리 무시하고 다른 사람에게만 잘하는 것은 무의미한 일이다. 오히려 그건 삶의 독소다. 진정한 헌신은 자신의 삶을 충실히 살아내고 관용하면서 타인을 자신만큼 존중하고 보살피는 것이다. 자신이 먼저 정신적으로 행복해진 다음에 다른 이들에게 관용을 베푸는 것이 헌신의 요건이다.

헌신하는 기적을 누려라. 헌신적인 인간이 되어라. 무엇보다도 자기 인생을 사랑하면서 살아라. 그래야 관용할 수 있는 기틀이 완성된다. 자기 인생에 확신이 없다면 관용을 할 수가 없다. 당연히 헌신하는 기적도 누릴 수가 없다. 우리는 스스로의 삶에 확신을 가지고 열심히 살아가야 한다. 그리고 감정의 농락에도 쉽게 허물어지는 것을 경계해야 한다.

변함없이 사랑하면서, 변함없이 용서하면서, 변함없이 이해하면서 살아가는 것이 관용이라면 그 길은 얼마나 어렵고 험난한 것인가. 하지만 그건 불가능한 일이 아니다. 매우 고달프고 어려운 길이지만 관용은 우리가 충분히 행할 수 있는 일이다. 그렇게 하지 않는다면 헌신은 요원한 꿈일 뿐이다. 헌신은 관용을 전제로만 피어나는 한 떨기 꽃과도 같다. 관용이라는 굳건한 지반이 없다면 헌신은 절대로 피어날 수 없다.

모든 어려움을 뚫고 헌신한다면 무슨 일이 일어나게 될까? 그것은 역사가 증명한다. 헌신적인 삶을 살아온 이들의 삶을 조명해보라. 그들에게 인류는 어떤 평가를 내리는가? 바로 지상 최고의 평가일 것이다.

헌신하지 않고 돈만 탐하다가 죽은 수전노와 평생을 헌신하면서 모아 놓은 돈 없이 살다 죽은 사람이 있다면, 역사는 두 사람 중 누구를 높게 평가할까? 두말할 것도 없이 헌신하면서 살다 간 사람이다.

헌신은 돈을 이기고 명성을 이긴다. 헌신은 거짓을 이기고 정의롭다. 헌신만큼 인간을 위대한 존재로 만드는 것도 드물다. 이런 헌신의 기저에는 바로 관용이 있는 것이다.

파멸하지 않게 돼

　지방의 한 아파트에서 50대 부부가 피살되는 사건이 일어났다. 알고 보니 그 사건의 범인은 딸의 남자친구였다. 여자친구의 부모가 교제를 반대하자 앙심을 품고 그런 끔직한 일을 저지른 것이다. 사건은 거기에서 끝나지 않았다. 여자친구의 부모를 처참하게 살해한 그는 술을 마시면서 여자친구가 귀가하기를 기다렸다. 그리고 여자친구도 살해하려고 시도했다. 결국 여자친구는 실랑이 중에 추락해서 중상을 입었고 그 남자는 경찰에 붙잡혔다. 그는 자신의 감정을 다스리지 못해서 두 사람을 죽이고 한 사람을 다치게 했다.

　뒤에 밝혀진 바에 따르면 그는 전 학년 장학생이었다고 한다. 공부도 잘하고 모범적인 학교생활을 하던 그가 자신의 인생을 망친 것은 관용의 부재 때문이었다. 만약에 그가 교제를 못마땅하게 여기던 여자친구의 부모에게 살인 충동을 느꼈을 때 관용을 했더라면 어떻게 되었을까? 그는 이제 겨우 20대 초반인데 그의 인생은 파멸을 맞았다. 관용하지 못해서 그렇게 되었다는 걸 누가 과연 부정할 수 있겠는가.

요즘 들어 이런 사건이 부쩍 많이 발생한다. 그만큼 욱하는 감정을 참지 못하거나 분노를 다스리지 못한다는 반증일 것이다. 사람들은 쉽게 만들고 쉽게 먹고 쉽게 버리는 인스턴트식품처럼 인간의 생명도 그렇게 가볍게 여기게 되었다. 어쩌면 이런 시류의 이면에는 자신을 다스리지 못하는 나약한 인간의 본성이 도사리고 있지 않을까. 모든 분노의 원천은 자기 자신이다. 모든 살인의 원천도 자기 자신이고 모든 폭력의 원천도 자기 자신이다. 이 점을 명백히 뇌리에 아로새겨라.

"저 여자가 절 화나게 했습니다. 그래서 조금 손봐준 것뿐입니다."

조서를 작성하는 형사의 눈을 억울하다는 눈빛으로 보면서 남자가 말했다. '저 여자'라고 지칭한 여자는 그 남자의 아내다. 조금 손봐주었다는 그녀의 얼굴은 온통 피투성이다. 아내를 개 패듯이 팬 남자가 이 모든 폭력의 원인은 아내에게 있다고 말하는 것이다.

이런 사람들이 한둘이 아니다. 자신에게 문제가 있다는 것을 모르는 한 그들의 폭력성은 절대 멈추지 않을 것이다. 이렇듯 자신을 알고 자신을 다스리는 건 매우 중요하다. 관용은 자기 자신에 대한 반성을 부른다. 관용적인 인간은 절대로 남을 탓하지 않는다. 이것은 매우 중요한 사실이다.

"다 내 탓입니다."

언뜻 이 말은 궁지에 몰린 정치인이 국민들에게 립 서비스로 하는 말로 들리기도 한다. 그런 용도로 사용한 정치인들이 더러 있기도 하기 때문이다. 하지만 이 말만큼 자신을 제대로 반성하는 말도 드물다. '다 내 탓이오'라는 자세야 말로 관용의 정수다. 이런 마음을 지닌 사람이 어떻게 다른 사람을 두들겨 팰 것이며 다른 사람에게 해를 끼치는 일을 하겠는가. 관용을 하면 폭력적인 성향이 사라지게 된다. 그래서 결국 자신을 파멸시킬 수도 있는 사건이 일어나지 않게 되는 것이다.

관용은 파멸을 막아주는 튼튼한 방패와도 같다. 불순한 사상을 가지고 타인을 위해하는 사람은 반드시 파멸하고 만다. 어떤 구실과 변명을 내세워도 파멸을 막아낼 수가 없다. 파멸은 죽음에 이르는 고통을 동반한다. 파멸이 곧 죽음이기도 하다.

사회적인 죽음, 인격적인 죽음, 이런 파멸의 고통을 피하기 위해서라도 여러분은 관용해야 한다. **관용만큼 영구적이고도 확실한 파멸 예방법은 없다. 우리는 파멸이 아니라 번영을 해야 한다. 그것이 인간의 존재 목적이기도 하다.** 서로 사랑하면서 위로하면서 잘 사는 것이 번영 아닌가. 이런 번영의 기틀은 서로에 대한 신뢰다.

관용은 서로를 더욱 단단히 연결해주는 고리와도 같다. 사람들이 상대방을 더 깊이 이해하고 사랑하고 용서한다면 그 사회는 번영할 수밖에 없는 것이다. 파멸에 이른 사람은 관용하지 않은 사람이다. 그것이 믿기지 않는다면 오늘 파멸한 누군가를 자세히 살펴보라.

그는 분명히 이기적이었을 것이고 자기 자신과 다른 사람을 진실로 사랑하지 않았을 것이다. 자신의 이익을 위해서라면 어떤 짓이든 서슴지 않고 저지른 사람이었을 것이다. 그런 사람은 파멸을 피할 수 없다.

설득하려 하지 않고도
설득할 수 있어

"부탁입니다. 제발 이 물건을 사세요. 정말 좋은 물건입니다."

사람들은 저마다 자기 물건을 팔려고 다른 사람을 설득하고 있다. 이건 과장이 아니다. 정말 이 세상 모든 사람들이 무엇인가를 팔기 위해 다른 이들을 설득하려고 노력하는 중이다. 하다못해 집에서 백수로 지내는 사람조차도 그렇다. 백수가 무엇을 팔겠다고 설득하는지 궁금한가?

그는 자신이 그럴 수밖에 없다며 부모를 설득하고 있는 중이다. 그것이 통했기에 그는 굶어죽지 않고 살아 있는 것이다. 특히 물건을 파는 판매원에게 설득은 가장 중요한 기술이다. 그런데 워낙 말주변이 없는 박얌전 씨는 걱정이 한가득하다. 아이를 낳고 키우다 10년 만에 생활용품을 파는 외판원으로 재취업했지만 말주변이 없어서 어떻게 물건을 팔아야 할지 걱정인 것이다.

"난 말주변이 없어서 걱정이야. 물건을 팔려면 말을 잘해야 하는데."

친구에게 고민 상담을 하자 친구가 웃으면서 말했다.

"넌 사람이 좋으니까 물건도 잘 팔 거야."

사람이 좋으면 물건을 잘 판다? 이 친구의 말이 사실일까? 이 말 속에는 인생의 진리가 숨어 있다. 무엇을 팔고자 한다면 먼저 인성을 갖추어야 한다는 뜻을 내포한 심오한 말이기 때문이다. 예를 들어서, 정치인이 되려면 그 사람은 대중 앞에서 연설하는 솜씨가 좋아야 할 것 같다. 그리고 돈도 좀 있어야 할 것만 같다. 연줄도 든든하고 학력도 높아야만 할 것 같다. 그런데 그런 것들보다 최우선적으로 필요한 것이 사람됨이다.

관용은 침을 튀겨가면서 말하지 않아도 사람을 설득할 수 있는 기적을 안겨준다. 왜 그런 기적이 가능할까? 그것은 물건을 팔려면 그 인간의 인격이 우선되어야 한다는 진리에서 이유를 알 수 있다. 책을 파는 외판원이 비인격적인 사람이라고 생각해보라. 아이를 학대하거나 방임하는 그런 사람이라면 그에게 책을 사고 싶은가? 그 책을 쓴 작가가 혹시 그런 사람이라면 그 책을 읽고 싶은가? 과자도 마찬가지다. 그 과자를 만든 회사의 대표이사가 인간성이 좋지 않은 사람이란 걸 알게 된 후에도 그 과자를 먹고 싶겠는가?

얼마 전 외국의 정치인이 주변 사람들을 성추행하는 바람에 장관 직에서 물러나게 되었다는 뉴스를 들었다. 그의 성추행 장면은 고스란히 카메라에 녹화되어 전 세계인들이 보게 되었다. 여성 기자의 엉덩이를 떡 주무르듯 주무르고 멀쩡한 대낮에 젊은 여자에게 기습 키스를 하는 등의 성추행 장면이 고스란히 전파를 탔다. 그가 아무리 연설을 잘하고 정치를 잘해도 아무 소용이 없게 된 것이다. 그가 비관용적인 인간이라는 것이 만천하에 드러나게 되었기 때문이다. 즉 그는 자신을 더 이상 팔 수가 없게 된 것이다. 사람들을 설득할 명분이 사라졌기 때문이다.

사람을 설득하려면 그럴 만한 명분이 있어야 한다. 그것이 바로 관용적인 삶이다. 타인에 대한 관대한 마음, 자신의 인생에 대한 책임의식과 사랑, 자신보다 약자를 향한 따뜻한 연민을 지닌 사람은 설득을 위한 최고의 자질을 갖춘 것이다. 그러므로 무언가를 팔고 싶다면 여러분은 먼저 관용하는 인간이 되어야만 한다. 이 세상에서 자신을 어필하고 싶다면 관용적인 인생을 꾸려나가야 하는 것이다.

관용은 수많은 기적을 일으킨다. 말을 잘 못하는 사람이 최고의 세일즈맨이 되는 경우를 보았을 것이다. 그 사람의 비결은 바로 관용이다. 그는 천 마디의 말보다 더 사람을 감동시키는 설득의 비법인 관용을 했던 것이다. 사람의 인격적 향기는 관용을 할 때만 풍긴다.

어눌한 사람을 함부로 대하거나 가난한 사람을 천대하는 사람에게 설득당할 사람이 몇이나 될까? 주어진 일을 얼렁뚱땅 대충 하는 사람, 마땅히 해야 할 일을 하지 않고 도망치는 사람, 이런 사람들에게 설득당하고 싶은 사람이 있겠는가? 무슨 말만 하면 화내고 토라지고 자기 생각만 옳다고 우기는 고집불통인 인간은 또 어떤가? 그런 사람에게 설득당하고 싶은 사람도 아마 없을 것이다.

그러나 관용적인 사람은 다르다. 외모가 뛰어나지 않아도 언제나 따뜻한 미소와 긍정적인 말을 하는 관용이 가득한 사람이 물건을 판다면 굳이 찾아가서 사달라고 하지 않아도 상대방이 먼저 물건을 사겠다고 연락을 할 것이다. 이것이 관용의 힘이다. 애써서 물건을 사달라고 목청을 높이지 않아도 사람들이 제 발로 찾아와서 물건을 사겠다고 아우성치는 기적이 일어나는 것이다.

지금보다 조금만 더 따스하게 사람들을 대하라. 지금보다 조금만 더 열정적으로 삶을 살아라. 그러면 그대는 인생 최고의 세일즈맨이 될 것이다.

약점을
강점으로 만들어

　노래를 부를 때마다 광대뼈가 심하게 불거져서 입술을 오므리고 노래를 부르던 가수가 있었다. 그녀는 자신의 약점이 남들보다 유난히 튀어나온 광대뼈라고 생각했다. 그래서 노래를 부를 때마다 광대뼈가 도드라져 보이지 않게 신경을 썼다. 그러던 어느 날, 그녀의 팬이 이런 말을 해줬다.

　"당신은 광대가 정말 아름다워요. 그러니까 입술을 활짝 벌려 노래해주세요. 그러면 당신의 노래가 한층 더 빛날 거예요."

　그녀는 공연을 마친 후에 화장실에서 거울을 들여다보았다. 그리고 입을 활짝 벌려서 노래를 불렀다. 그랬더니 이전보다 더 청아한 소리가 나오는 것이었다. 그리고 지금까지 콤플렉스라고 여겼던 광대가 전혀 미워 보이지 않았다. 그녀는 자신감을 가지기로 했다.

"그래, 난 광대뼈가 장점이었어. 이 광대가 있어서 이렇게 노래를 잘 부르게 된 거야. 앞으로 노래 부를 땐 최대한 입을 크게 벌려서 불러야지. 내 광대뼈는 약점이 아니라 강점이 될 거야."

그녀의 예언은 적중했다. 그녀는 유명한 가수가 되었고 특히 사람들에게 광대뼈가 아름다운 가수로 기억되고 있기 때문이다. 사람들은 저마다 약점이라고 생각하는 것들을 하나쯤 가지고 살아가고 있다.

"난 키가 작아서."

"난 뚱뚱해서."

"난 배운 게 부족해서."

이런 수많은 종류의 약점들을 그대로 가지고 산다면 그 인생은 어떻게 될까? 그런데 실상 인간에게 약점이란 것은 애초에 없다. 위의 예에서 키가 작은 것이 약점이라고 생각하는 사람이 그것을 약점이 아니라고 생각하면 더 이상 약점이 아니다. 뚱뚱한 사람도 마찬가지다. **뚱뚱한 것이 약점이라고 생각하던 기존의 생각을 버리고 오히려 뚱뚱한 것이 강점이 된다고 생각하면 순식간에 약점은 강점이 된다. 얼마나 기가 막힌 반전인가. 생각 하나로 약점이 강점이 되는 것이다. 이것은 놀라운 기적이다.** 이 기적을 가능하게 하는 것은 바로 생각의 전환을 유도하는 관용이다.

관용한다면 우리는 약점 없는 인간이 될 수 있는 것이다. 단 하나의 약점도 없는 인간, 대단하지 않은가? 그러나 아직도 많은 이들이 약점이 아닌 것들을 붙잡고 그것이 약점이라고 여기면서 고통스러워한다. 그 결과, 어떤 현상이 발생하는가? 약점 앞에서는 누구라도 소극적이 되므로 결국 발전할 수 있는 가능성 자체를 차단하게 된다. 좀더 성장할 수 있는 사람이 약점에 발목 잡혀서 날아오르지 못하고 주저앉는 사태가 발생하는 것이다. 이러한 불행한 사태를 방지하는 방법은 오직 관용뿐이다.

휠체어에 탄 연설자가 자원봉사자의 도움으로 무대에 오르자 모두가 숙연해졌다. 이 프로그램이 생긴 이래 휠체어에 탄 연설자가 나온 것은 처음이었다. 그래서 더욱 사람들은 숙연해졌다. 그의 병은 세계적으로도 희귀한 병으로 점차 근육신경이 마비되는 병이다.

"제 병을 치료하는 약은 아직까진 없습니다. 그저 통증을 줄여주는 치료를 할 뿐이죠. 의사선생님께서는 제가 열다섯 살까지만 산다고 하셨습니다. 그러나 제 나이는 지금 스물다섯입니다."

그 말에 청중들이 뜨거운 박수를 쳤다.

"저는 지금 손도 움직일 수 없고 발도 움직일 수 없습니다. 제가 제 의지대로 움직일 수 있는 기관은 얼굴과 머리뿐입니다. 그래서 저는 생각했습니다. 내가 할 수 있는 일은 무엇일까? 그리고 저는 법관이 되겠다는 목표를 가지게 되었습니다. 저는 장애인 최초의 대법관이 되는 것이 꿈입니다."

스물다섯 청년은 휠체어에 누워서 그렇게 자신의 포부를 뚜렷하게 밝혔다. 그가 할 수 있는 것은 말하는 것과 생각하는 것이다. 요즘은 음식마저도 제대로 먹지 못해서 힘들다고 했다. 마비가 진행 중이기 때문이다. 그래도 그는 자신이 할 수 있는 것들을 생각해냈다. 약점이라고 생각되는 신체적인 병에 결코 항복하지 않은 것이다. 오히려 그는 약점을 강점으로 여겼다. 그는 특별전형 없이 오직 실력으로 대학에 합격했고 지금은 사법고시를 준비 중인 학생이었다. 이 젊은 청년에게서 우리는 무엇을 배워야 할까?

휠체어에 누워서 얼굴 아래의 몸은 절대로 움직일 수 없는 처지라고 한다면 어떤 심정이 들까 생각해보라. 처지를 원망하면서 좌절할 것인지, 약점을 강점으로 승화시키는 일생일대의 결단을 내릴 것인지 생각해보라. 손도 움직이지 못하고 발도 움직이지 못하는데, 걷지도 못하고 책장도 넘기지 못하는데 사법고시를 준비하면서 당당하게 미래에 대한 포부를 밝히는 젊은 청년은 약점이란 없다는 걸 우리에게 가르쳐주고 있다.

그렇다. 정녕 약점이란 없다. 한계를 인정하고 인생에 대해 패배를 인정할 때만 약점은 존재한다. **절대로 한계를 인정하지 마라. 그대에게는 한계가 없다. 무한한 가능성이 열려 있을 뿐이다.** 약점을 버리려면 자신을 관용해야 한다. 어떤 경우든 자신을 끝까지 변함없이 사랑해야 한다.

불행의 악순환을
멈추게 해

어떤 사람은 꿈을 이루고 다른 사람들과 즐겁게 교류하며 행복한 삶을 살고, 어떤 사람은 꿈을 이루기는커녕 있던 꿈도 내팽개치고 다른 사람들과도 불화하면서 불행에 겨운 일생을 산다. 왜 그럴까? 같은 인간으로 태어났는데 왜 누군 행복하게 살다 가고 누군 죽지 못해 사는 걸까?

우리에게 주어진 100여 년도 안 되는 시간은 선택을 기다린다. 어떤 선택인가? 바로 행복해질 것인가, 불행해질 것인가 양 갈래 중 하나를 택하는 것이다. 열이면 열, 모두 다 자신의 행복을 바랄 것이다. 행복하게 한평생 무난하게 살다가 죽는 것이 어쩌면 모든 인류의 소망이라고 해도 과언이 아닐 것이다.

그러나 애석하게도 불행한 사람이 행복한 사람보다 많다. 많은 사람들이 행복은 자신에 의해 결정된다는 진리를 미처 깨닫지 못하고 있기 때문이다. 얼마 전 우리나라의 중산층에 대한 조사 결과가 발표되었다. 통계상으로 보면 우리나라의 중산층은 66퍼센트에 이르지만 자신이 중산층이라고 대답한 사람은 그에 미치지 못했다. 갈수록 자신이 중산층이라고 생각하는 사람이 줄어들고 있다고 한다. 자신이 빈곤층이라고 여기는 사람이 그만큼 많다는 뜻이다.

그런데 그렇게 생각하고 산다면 과연 행복할까? 행복한 사람들은 자신을 절대 빈곤층이라고 생각하지 않는다. 그들은 언제나 자신이 최고의 삶, 최상의 인생을 살고 있다는 자신감이 충만하다. 그러한 가치관은 돈에 휘둘리지 않는다. 그만큼 자신의 삶에 만족한다는 뜻이다.

그러나 불행한 사람은 또다시 불행해진다. 그 까닭은 행복할 줄 모르기 때문이다. 행복도 연습이 필요하다. 행복해지려면 여러분은 관용의 미덕인 사랑과 이해, 용서를 늘 생활 속에서 실천해야 한다. 그런 관용의 삶은 불행해지는 것을 미연에 방지해주는 예방주사와 같다. **불행이 불행을 부르는 것은 매우 당연한 결과다. 불행한 사람은 관용하지 않은 사람이므로 행복하지 않을 것이고, 행복하지 않으므로 다시 불행하다고 느낀다.**

불행의 악순환을 멈추게 하는 것은 관용이다. 어떻게 관용이 그런 놀라운 능력까지 가지고 있는지 의아해하는 분도 있을 것이다. 하지만 그것은 별로 놀랄 일이 아니다. 관용은 생로병사를 주관하는 신의 영역에서 비롯된 것이기 때문이다. 그러므로 인간이 관용을 한다는 건 신에게 한층 가까이 다가가는 성스러운 행위다.

불행의 악순환을 관용으로 멈추게 만든 사람이 여기 있다. K는 천애의 고아였다. 부모는 그를 낳자마자 비닐봉지에 담아서 쓰레기장에 버렸다. 게다가 그는 청각장애인이었다. 그의 장애는 당시의 의술로는 도저히 고칠 도리가 없는 것이었다. 부모에게 버림받은 그는 입양되었지만 양부모에게 학대를 당했고, 결국 학대를 피해 집에서 도망쳤다. 그는 대낮에도 목숨 걸고 다녀야 한다는 할렘가에서 구걸하며 목숨을 연명했다. 그런 그가 불행한 인생으로부터 벗어나 대학교수가 되었다. 그건 그가 어느 날 자신과 한 다짐 때문이었다.

"이렇게 계속 산다면 난 영원히 불행한 삶을 살 거야. 이제부터 내 삶을 허투루 낭비하지 않고 열심히 살겠어. 그래서 내게 있는 불행의 씨앗을 모두 제거해버리겠어. 세상에서 가장 행복한 남자가 되겠어."

그는 당장 그 거리를 뛰쳐나왔다. 그리고 건실한 일자리를 구했다. 배우지 못한 그가 할 일이라곤 육체노동뿐이었지만 그는 그렇게라도 일할 수 있음을 고마워했다. 열심히 10년간 돈을 모아서 그 돈으로 음식점을 차렸다. 다행히 음식 맛이 좋았던 그의 식당은 성황을 이루었고, 그는 더 이상 굶주리면서 불행해하지 않게 되었다. 게다가 요리 공부를 해서 대학교수가 되었다. 이제 그는 예전의 자신처럼 불행의 늪에 빠져서 고통스러워하는 이들에게 기부와 봉사를 하면서 행복을 전파하며 살고 있다. 그는 늘 행복하다고 자랑한다.

"전 지금 정말 행복합니다. 과거의 저는 세상에서 가장 불쌍한 인간이었죠. 하지만 이젠 모든 불행의 사슬을 끊어버리고 세상에서 가장 행복한 사람으로 거듭났습니다. 그 비결은 바로 나 자신을 믿고 내 인생을 믿었던 거죠."

그가 자신을 믿고 자신의 인생을 믿은 것이 바로 관용이다. 관용으로 자신을 휘감고 있던 불행의 사슬을 끊어버린 것이다. 불행을 부르는 것은 잘못된 신념과 사상이다. 즉 자신은 언제나 그렇게밖에 살 수 없는 인간이라는 자조가 그것이다. 그런 반관용적인 사상과 신념은 불행을 절대 벗어버릴 수 없게 만든다.

영원히 불행이라는 불구덩이 속에 갇혀서 살 수밖에 없는 존재가 그런 사상과 신념을 지닌 사람들이다. 만일 여러분 중 누구라도 그런 생각을 조금이라도 가졌다면 지금 당장 그 생각을 버려야 한다. 그렇지 않다면 불행은 평생 그대를 괴롭힐 것이다.

반면에 관용은 어떤가. **관용은 불행의 악순환을 멈추게 하는 기적을 선물해준다.** 부모에게 버림받고 또 양부모에게 학대받던 가난하고 불쌍한 고아에서 다른 사람들에게 꿈과 희망을 선물하는 사람이 된 K는 관용이 주는 기적을 선물 받은 사람이다. 절대 다시는 자신을 불행한 사람이라고 낙인찍지 말라. 그대는 불행한 사람이 아니다. 그리고 그래서도 안 되는 사람이다.

한번 불행했다고 하더라도 다시 행복해질 수 있는 존재가 사람이다. 비참하고 더 이상 희망의 빛이 안 보인다는 생각이 들더라도 다시 희망을 가져라. 그것이 관용이다. 관용은 그런 그대에게 절대로 불행해지지 않는 기적을 선물해줄 것이다.

자신의 잘못을 인정하지 않는 사람은 수평적 세계관이 절대적으로 필요한 사람이다. 그는 관용의 부재 때문에 세상을 평등하게 바라보는 시선을 지니지 못했다. 관용적인 사람은 사과해야 할 때 사과할 줄 안다. 자신이 잘못한 걸 알면서도 모르는 척하는 것만큼 죄스러운 일도 없지 않은가. 이런 사람이 친구 중에 있다면 어떨까?

"저번에 네가 한 말 믿고 그 물건을 샀다가 큰 낭패를 봤어. 손해가 이만저만이 아니야."

그대는 일주일 전에 친구가 권한 물건을 샀다가 큰 손해를 봤다. 그래서 친구에게 이렇게 하소연을 하는 중이다.

"무슨 말이야? 그 물건이 얼마나 좋은 건데. 네가 운이 없어서 그런 거지, 그게 왜 내 탓이냐?"

"그건 아니지. 난 네 말을 믿었고 네가 추천해서 산 거잖아. 그런 식으로 말하면 섭섭하지."

친구는 자신이 한 행동이 가져온 결과가 좋지 않자 나 몰라라 하는 것이다. 이런 친구를 계속 친구로 두고 싶은 사람이 있을까. 위와 같은 똑같은 상황에서 이렇게 말하는 친구도 있다.

"정말이야? 내가 미안하다. 난 그 물건이 괜찮은 줄 알고 너에게 소개한 건데. 본의 아니게 네가 손해를 입게 되어서 정말 미안해."

이렇게 말해주는 친구라면 손해 본 것에 대한 속상함도 조금은 줄어들 수 있을 것이다. 엄청난 잘못을 해야만 사과를 하는 사람은 사람에 대한 관용이 부족한 사람이다. 사과는 어느 때나 해야 하는 법이다. 큰 잘못이든 작은 실수든 타인에게 해를 끼쳤다면, 그래서 불쾌함을 초래했다면 귀찮더라도 반드시 사과를 해야 한다.

이런 **관용적인 태도는 수평적 세계관을 습득하게 만들어준다. 수평적인 세계관을 가지면 기존의 수직적 세계관에 입각해서 살 때와는 차원이 다른 안도감을 맛보게 된다.** 수평적 세계관을 지닌 사람의 곁에는 그런 세계관을 가졌거나 그런 세계관을 추구하는 사람들이 모여들 것이기 때문이다. 유유상종이란 말이 괜히 있는 게 아니다.

수평적 세계관은 인간에 대한 차별이 없는 사랑의 실현을 의미한다. 모든 인간은 평등하고 모든 인간은 사랑받을 자격이 충분하다고 여기는 것이 수평적 세계관이기 때문이다. 관용은 이런 수평적 세계관을 선물해준다. 사과할 때 사과할 줄 아는 것은 수평적 세계관을 얻는 지름길이다.

장관 후보로 지명된 사람이 과거에 한 갖가지 망언들 때문에 후보에서 자진사퇴하게 되었다. 이 인사를 추천한 정부는 매우 난감한 처지에 놓이게 되었다. 과거의 발언들이 수위를 넘어선 것들이라서 도저히 국민들이 받아들이지 못했던 것이다. 이렇듯 공직에 나가려는 사람들은 말 한마디도 조심해야 한다. 그런데 평범한 사람들도 언행을 조심하지 않으면 사회와 가정에서 퇴출될 수 있다. 그러므로 굳이 공직자가 될 생각이 없더라도 매사에 언행을 신중히 해야 한다.

수직적 세계관을 가진 사람들은 자신을 상위 계층이라고 생각한다. 그래서 자신 이외의 사람들, 다시 말해 자신보다 아래에 있다고 생각하는 사람들을 업신여기고 함부로 대하는 경향이 있다. 이렇게 살다 보면 많은 사람들을 적으로 만들 수밖에 없다. 누가 자신을 아랫것으로 여기고 업신여기는 사람에게 정을 느끼겠는가.

수평적 세계관을 습득하는 기적을 누리려면 관용을 해야 한다. 사랑하고 이해하고 용서하는 이 구태의연한 듯한 일들이 한 인간의 일생을 바꾼다. 자신보다 못하다고 생각하는 사람을 오히려 공경하는 사람이 되어라. 자신보다 잘났다고 생각하는 사람에게 굽실거리며 비굴해지지 말라. 수평적 세계관으로 인간관계를 이끌어가는 사람이 되어

라. 그렇게 하기 위해서는 관용적인 태도로 살아가야 하는 것이다.

작은 잘못이라도 있다면 그때마다 사과하는 것을 철칙으로 여겨야 한다. 상대방에게 피해를 입히고도 모르쇠로 일관하는 사람이 되어서는 안 된다. 작은 실수, 작은 잘못을 방치하면 오히려 큰 실수, 큰 잘못보다 더 심각한 후유증을 불러일으키게 될 것이다.

사람을 사랑하려면 먼저 그 사람에게 무엇을 줄 것인지를 생각해야 한다. 불쾌감, 열등감, 모멸감 등을 주는 사람이 될 것인가? 아니면 따뜻함, 인간적인 사랑, 아름다운 매너 등을 주는 사람이 될 것인가? 수직적 사고를 버리고 수평적 사고를 선택하라. 작은 관용들이 모여서 수평적 세계관을 이룬다.

누구나 나를 좋아하게 만드는 법

초판 1쇄 인쇄·2020년 8월 5일
초판 1쇄 발행·2020년 8월 10일

지은이·백강이
펴낸이·이춘원
펴낸곳·책이있는마을
기 획·강영길
편 집·이경미
디자인·블루
마케팅·강영길

주 소·경기도 고양시 일산동구 무궁화로120번길 40-14(정발산동)
전 화·(031) 911-8017
팩 스·(031) 911-8018
이메일·bookvillagekr@hanmail.net
등록일·2005년 4월 20일
등록번호·제2014-000024호

잘못된 책은 구입하신 서점에서 교환해 드립니다.
책값은 뒤표지에 있습니다.

ISBN 978-89-5639-332-2 (03320)

이 도서의 국립중앙도서관 출판예정도서목록(CIP)은 서지정보유통지원시스템 홈페이지(http://seoji.nl.go.kr)와
국가자료종합목록 구축시스템(http://kolis-net.nl.go.kr)에서 이용하실 수 있습니다.(CIP제어번호 : CIP2020029931)

사람들이 어떻게 살든 나는 행복해지기로 했다

영혼의 엔진을 움직이는 '그 무엇'을 찾아라

성공한 사람들은 자기 안에 잠재되어 있는 90%의 재능을 찾아내고 스스로 동기부여를 한 사람들이다. 우리의 내부에는 상상도 할 수 없을 만큼 엄청난 힘을 발휘하는 '90%의 그 무엇'이 숨어 있다. 성공한 사람들은 대부분 절망, 좌절, 두려움 따위에 가려져 있던 '그 무엇'을 제대로 찾아낸 사람들이다.

이 책은 가난과 실직으로 절망한 한 젊은이가 성공의 길을 찾아가는 과정을 그리고 있다. 그 과정은 바로 자신 안에 잠자고 있는 '그 무엇'을 찾아가는 과정이기도 하다. 이 책은 피곤한 일상 속에서 꿈을 잃고 살아가는 이들이 영혼의 엔진을 움직이는 '그 무엇'을 찾아 삶에 대한 새로운 용기와 희망을 품을 수 있도록 충실한 길라잡이 구실을 한다.

폴 J. 마이어 전달 |최종옥 편역 |자기계발
올 컬러 양장본 |13,000원

톨스토이가 전해주는

최고의 인생 지침

톨스토이 인생노트

『톨스토이 인생노트』는 우정, 사랑, 노동, 성공 등 무릇 인간이라면 결코 비켜갈 수 없는 삶의 화두를 제시하면서 독자들로 하여금 자신을 더욱 계발하고 나아가 자기완성에 최대한 다가갈 수 있도록 길라잡이 구실을 하고자 기획한 책이다. 톨스토이가 사상가들의 글에서 가려 뽑은 글을 읽고 그 감상이나 자신의 생각을 적을 수 있도록 편집하여, 단순히 읽는 책이 아니라 독자들이 참여하여 함께 만들어가는 책으로 꾸몄다.

『톨스토이 인생노트』는 자신을 성찰하고 나아갈 길을 모색해볼 수 있는 최고의 책이다. 독자들은 사상가들의 삶의 정수가 담긴 한 줄의 글을 통해 삶의 가치를 확인하고 긍정의 힘을 얻는 한편, 독자들을 위해 마련한 노트에 내 삶의 원칙을 기록하고 점검함으로써 오늘의 삶의 질을 한 단계 높일 수 있는 에너지를 끌어낼 수 있을 것이다.

레프 톨스토이 지음 | **최종옥** 옮김 | **16,000원**

톨스토이 사색노트

『톨스토이 사색노트』는 참된 지혜, 선(善), 도덕, 사랑,
지식의 탐구 등 무릇 인간이라면 한번쯤 고뇌했음직한
삶의 화두를 제시함으로써 독자들로 하여금 정신을
더욱 가다듬어 고양된 감정을 경험할 수 있도록 길라
잡이 구실을 하고자 기획한 책이다. 톨스토이가 사상가
들의 글에서 가려 뽑은 글을 독자들이 읽고 감상이나
생각을 적을 수 있도록 편집하여, 단순히 읽는 책이 아니
라 독자들이 참여하여 함께 만들어가는 책으로 꾸몄다.

『톨스토이 사색노트』는 자신의 내면에 침잠하여 나를
돌아볼 수 있는 길을 제시한 최고의 책이다. 위대한
사상가들이 남긴 촌철살인의 글을 읽고 '나'를 진지하게
들여다보고 좀 더 나은 삶을 꿈꿔보자. 뻔한 인생이란
없다. 어디에 핀들 꽃이 아니랴. 그러니 마음밭에 꽃씨를
뿌리자. 어김없이 싹을 틔우고 꽃을 피워 마침내 열매를
맺을 것이다.

레프 톨스토이 지음 | **최종옥** 옮김 | **16,000원**

관용,
인간관계의 고통을 없애줄
확실한 키워드

누구나
나를 좋아하게
만드는 법

백 강 이

지 음